ALOHA あふれる心豊かな暮らしのヒント

——ハワイ27人の家とライフスタイルから

澤陽子

Contents

ひとりで暮らす人たち

Living Alone

間取りの表記について

アメリカでは住宅の間取りを、ベッドルームとバスルームの数で表記します。それ以外にリビングルームやキッチンがある家が一般的で、さらにダイニングルーム、ファミリールームなど家によってさまざまなつくりがあります。一部屋で寝室も兼ねた、日本でいうワンルームはスタジオと記載されます。

また、バスルームの数え方は、シャワーまたはバスタブ、トイレと洗面台を含むフルバスルームを1として、トイレと洗面台のみの場合は0・5と数えます。例えば、1・5バスルームとは、フルバスルームとトイレ（と洗面台）のある家をあらわします。

人も土地も思いやるハワイの人たち
——27組の家族を訪れて

ハワイに暮らす人の家と家族

ハワイに暮らしはじめて1年目のホリデーシーズンを迎えたある日、ローカルの友達が「サンクスギビングデーは我が家でパーティーをするからおいで！」と声をかけてくれました。アメリカでは家族で過ごす大事な日に、何の予定もない私たち夫婦が寂しい思いをしないための彼の心配りでした。はじめてお邪魔する地元の人の家。そこには、友達の両親、近所の家族、子どもたちなど大勢が集まっていて、新参者である私たち日本人夫婦に、みんながあまりにも自然に接してくれました。

あれから10年あまり。毎年クリスマスや大晦日など家族で食卓を囲む日には誘ってくれ、「何か困ったことがあればいつでもいってね。オハナなんだから」と、日常の中でさらりといってくれる友人たち。彼らが何よりも大切にしているのが「家族（オハナ）」。それは血縁関係にある家族だけでなく、大切な友人のこともオハナだといいます。

異国の地でオハナと呼べる友達がたくさんできるなんて、予想もしなかったことでした。これまでオハナから、笑顔で暮らすためのたくさんのヒントをもらってきました。暮らすほどにハワイが好きになっているのは彼らのおかげです。

本書では、そんなハワイの人たち27組（人）の家にお邪魔して、ライフスタイルについて話を聞いています。彼らが「家族を意味する大事な場所」という自宅で、楽しく深くシンプルに語ってくれたことが、珠玉のメッセージとなりました。

アロハがつくる幸せの循環

彼らと触れ合っていると、「これがアロハなんだ」と思うシーンが多々あります。そんな「アロハ」についても、今回のインタビューでたずねてみました。

一瞬考えてから言葉を選ぶようにして答えてくれたのが、「受け入れること」でした。

以前、公園でポットラックパーティー（持ち寄りパーティー）をした時のことです。友達のひとりが2歳になる孫を連れてきました。英語が母国語ではない私が「言葉を覚えはじめたこの子に、日本語訛りの英語では話しかけられないなぁ」と笑いながらいうと、彼女は「ここはハワイよ。いろいろな人が暮らしてお互いを尊重している島。この子にもたくさんの文化を知ってもらいたいからどんどん喋って遊んであげて！」と。

年齢や人種、育った環境や価値観の違いを受け入れる。移民が多い歴史的背景もある多様性の中で、彼らが培った生き方が「違いを受け入れる勇気を持つ」ことだったのかもしれません。

彼らの話には「ケア」という言葉もたくさん出てきました。家族を、友達を、家を、自然を、ハワイを、地球を、ケアする。ハワイ語には思いやりの心をあらわす「マラマ」という言葉もありますが、自分のまわりにあるすべてを思いやる気持ちが、家族、友達、社会へと循環していく。彼らはそのサイクルを自ら仕掛けているように見えます。

　インタビューを通して気づいたのは、こうした彼らの心であり、生き方であり、彼らの存在そのものがアロハなんだということでした。一緒にいると素直になれてやさしくなれる。その心地よさを誰かにもシェアしたくなる。それは、笑顔の循環、幸せの循環をつくり出すもの……。

心地よい暮らしのヒント

いつだって笑顔がまぶしくて、時にはアハハと大声を上げて笑ったりするハワイの人たち。

　日常のちょっとした集まりで最高級のワインを用意する友人に「もったいない！　とっておけばいいのに」というと、「今この瞬間を最高に楽しみたいんだ！」とコルクをポンっと抜いて本当に楽しそうに笑います。

　そんなハワイの人たちがインタビューでシェアしてくれたのは、自分の価値観と幸福感、ほかの誰でもない自分の軸でした。家庭や仕事、社会の中でいくつもの問題に立ち向かってきたことで育まれたそれは、人との向き合い方、物事の捉え方、困難の乗り越え方のカギなのかもしれません。私が日々の生活で行き詰まった時に考えるのは「彼らならどうするだろう?」ということです。そうすると、ひと呼吸置いて前に踏み出すことができます。

ハワイの日常的な暮らしの中から見えること、彼らが語ってくれたことは、人間の本質であって「ハワイだから」ではなく世界共通なのではないかと思うのです。家族、友人、自然、自分たちが生きる土地を愛する彼らのALOHAが、海を渡って、心地よくそして心豊かに暮らすヒントになりますように。幸せの連鎖が起きますように。

日々の幸せって、
日常の暮らしの
リズムにあると
思うんです

Patty Fa (P.18)

せわしない日々だからこそ、あえて
ひとつのことをていねいに
ゆっくり時間をかけるようにしています。
面倒くさいこともやってみる。
洗ったお皿をていねいに拭いたり、
ごはんをゆっくり食べたり。
コーヒーは急がないで淹れる

Chikako Nago (P.112)

みんなで
シェアすることが大事

Gail Kahakui (P.30)

ものは買いかえることができます。
でも家族と友達は
そのかわりはいないから、
やっぱり何よりも大切

Alana Morton (P.150)

いつか人生の最期を迎える時、
もっと働けばよかったと思う人は
いないと思うけれど、
もっとオハナ(家族)と
過ごせばよかったと思う人は
多いのではないかしら

Yolanda Morton (P.12)

夫婦が健康で、
ビールをおいしく飲んで、
たまに旅行をするという
今の生活を大切にして
いきたいな

Katsumi Roerk (P.42)

旅はもちろん、外でスポーツをしたり、
遊びに出かけたりすることも大好き。
でもね、家に帰ろう! と思う瞬間が
いつだっていちばん好きなんです

Jeanette Wilson (P.24)

しっかり寝る。
おいしいものを
つくって食べる。
家族で集まって過ごす。
孫たちと遊ぶ。友達と会う。
これだけ!

Denise Kubo-Hokama (P.56)

Tips to Live a Happier Life

アロハは愛。
人も土地も
すべてをケアすること

Dennis Hida, Yvette Hida, Kayla Hida (P.48)

私たちは、つい先のことを
考えてしまうでしょう? でも、
歩きながら、見えるもの、
聞こえる音に集中すると、
今この瞬間を感じられるんです

Peggy Daughtry (P.168)

健康のことも人間関係も、
そして経済的なことも、
必要以上に
心配することなく
生きていけたら十分幸せ。
それ以上望むものは
ないなと思っています

Jauchia Blythe (P.106)

むずかしいこともあるけれど、
なるべくシンプルに
生きるようにしています。
どんな時も自分が
今どこにいるかを考えて、
その時々の優先順位を
上から3つ決めるんです

Debra Shin (P.94)

前向きでいることって
大切だと思うから、笑うことで、
自分もまわりの人も
ポジティブになれたらうれしいんです

Stefan Crnjak (P.156)

人生はシンプル。
健康であって、夫、家族、友達がいて、
彼らも健康であれば、
これ以上の幸せはありません。
心身の健康が人生を有意義にする
キーになると思っています

Carolee Kubo (P.100)

(毎日の送迎などの子育ては)
子どもたちのために今
親として私ができる
プレゼントだと思うから。
私自身が、毎日そのすべてを
楽しんでいるんです

Genoa Murphy (P.74)

みんなが親切で、
困っている時はすぐに手を
差しのべてくれるのがハワイ。
それがアロハスピリッツ
なんだなと日々実感しています

Roy Hastings (P.164)

Place Names of O'ahu

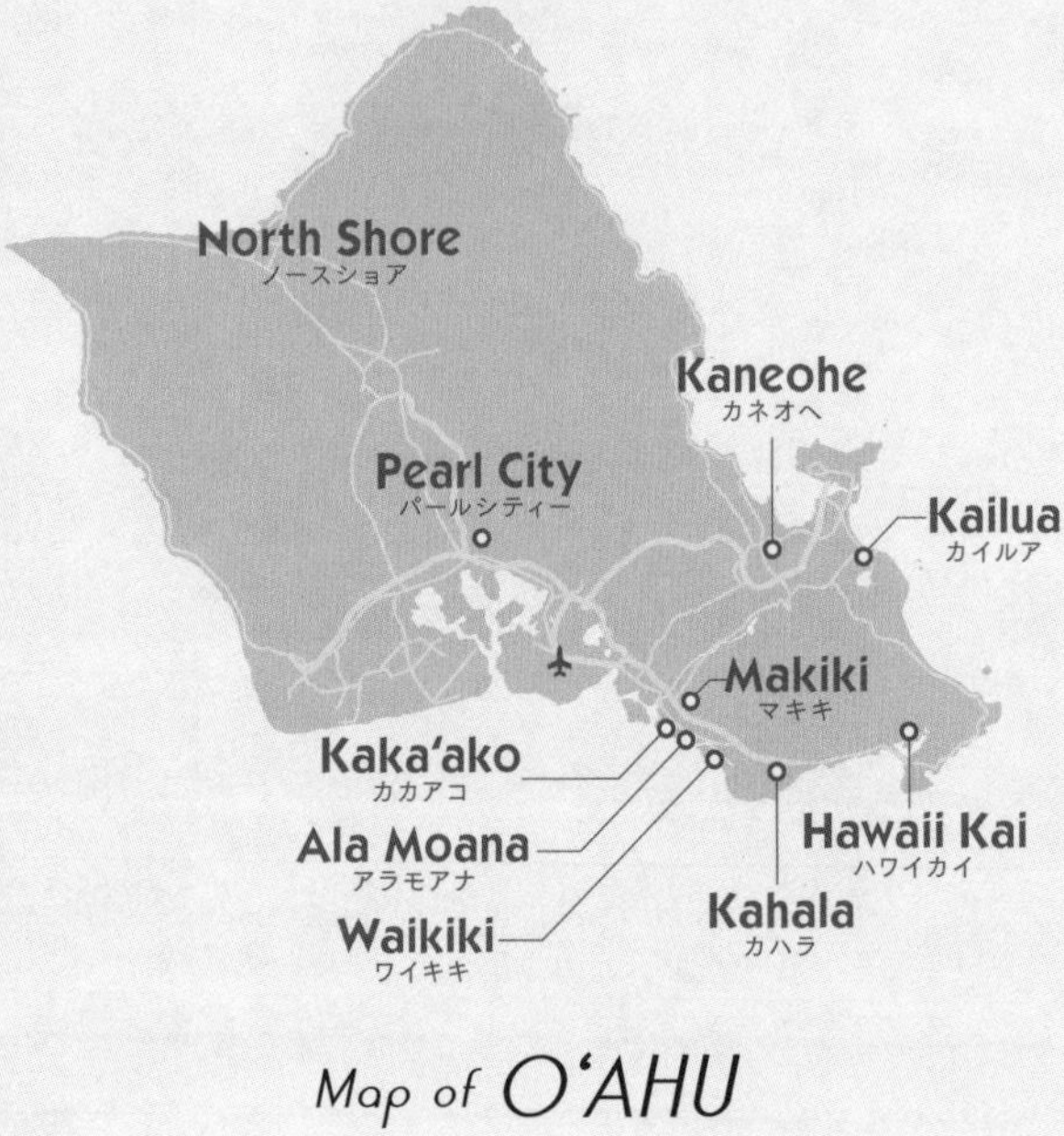

アラモアナ
Ala Moana

ハワイを代表する商業施設「アラモアナセンター」やビーチパークなどあり、コンドミニアムやホテルなどを建設中で開発が進む地域。

カイルア
Kailua

島東部の町。全米ナンバーワンに選ばれたビーチなど美しい自然に囲まれ、センスあるショップが並ぶ。

カカアコ
Kaka'ako

都市開発により、倉庫街からウォールアート、ショップ、飲食店、ビルが立ち並ぶ地域に発展した。

カネオヘ
Kaneohe

コオラウ山脈の麓にあって湾に面したローカルタウン。カイルアと共にウィンドワードと呼ばれる。

カハラ
Kahala

島屈指の高級住宅街。名門ホテルやゴルフコースも独特の空気感。

ノースショア
North Shore

島北部の海岸エリアで、オールドハワイを感じる町ハレイワがある。世界的に有名なサーフポイントも点在する。

マキキ
Makiki

ダウンタウン北東部の広範囲を指す。学校や公園なども あり、古くからの住宅地。

ワイキキ
Waikiki

かつてはタロイモ畑だったWai(水)kīkī(湧き出る)は晴天率が高く、今ではホテルや商業施設が集結する世界有数のビーチリゾートに。

パールシティー
Pearl City

大規模商業施設などがそろう島南部中央の住宅街。ハワイの高架鉄道「スカイライン」の駅もある。

ハワイカイ
Hawaii Kai

ハナウマ湾の手前に位置し、ビーチフロントや高台などに閑静な住宅地が広がる。教育・商業施設も整う。

家族・パートナー・友人と暮らす人たち

Living with a Family / Partner, and Friends

夫婦そろって料理上手。メインディッシュの担当はデイナさん。[illegible]タさんはお菓子づくりも得意。

Case

— 1 —

時と共に変わりゆくバランスを楽しむ

Dana Morton
Yolanda Morton

デイナ・モートンさん
ヨランダ・モートンさん

家族と一緒に成長してきた家

高校時代に出会った妻のヨランダさんと夫のデイナさんは、結婚してしばらくたった1987年にオアフ島北東部のカネオヘという街に家を買いました。ワイキキの山側の住宅街マノアで生まれ育ったヨランダさんにとって、島の反対側での暮らしは不便で仕方がなかったといいます。ヨランダさんが「買いものをしたい」といえば、デイナさんは彼女を車でどこへでも連れて行っていたそうです。

そんなカネオヘを、今では「ふるさと」と呼ぶヨランダさん。購入した当時の3倍の広さに増築し、二世帯住宅にして次女の家族と暮らしています。

「3回リノベーションをしたけれど、最初に変えたのはキッチン。もともとのキッチンはとてもせまかったんです。3人の娘たちが小さい頃、クッキーを焼いたり、食事の支度をしたりしながら、宿題を見てあげられるように長いカウンターも設置しました」（ヨランダさん）

L型キッチンに加え、カウンターを増設したのは、料理好きの彼女がキッチンで過ごす時間が長いことが理由でした。

娘さんたちはすでに独立していますが、家族全員が、日曜日の夜に集まって食事をするのがモートン家の習慣です。娘夫婦と6人の孫たちは総勢13人。サンクスギビングデー（感謝祭）などのホリデーシーズンには、さらに親戚たちもやってきます。

「毎週日曜日は食事のテーマとリーダーが決まっているんですよ。今日のテーマはコリアンで、リーダーは長女」とヨランダさん。テーマは実にバラエティ豊かで、ハワイアン、メキシカン、チャイニーズ、日本、焼肉やラーメンナイトも。リーダーが指揮をとって、それぞれがテーマに合った一品を持ち寄ります。キッチンには、リーダーとアシスタント、デザートを用意する人、食器を洗う人と拭く人が順番にやって来ては、慣れた手つきで手際よく作業を進めます。

食事の準備中、子どもたちの鬼ごっこの通り道にもなっているキッチンは賑やかで、なごやかな空気が大家族を包み込んでいました。

家族全員が自分らしく

普段は夫婦ふたりで静かに暮らし、週末の夜は娘さんや孫たちと過ごすヨランダさんは、「人生はバランスが大切」と語ってくれました。それは年齢によって変わっていくもので、それに合わせて家を改装してきたといいます。

このエリアは雨が多いので娘さんたちが子どもの頃はラナイで遊べるように増築し、次女が家庭を持った時には二世帯住宅にすることを決めました。どんなバランスも楽しんできたヨランダさん。

「いつでもこの家は心地よくて、家族それぞれが自分らしく過ごせる場所なんです。私が幸せを感じるのは家族と一緒にいる時間です。いつか人生の最期を迎える時、もっと働けばよかったと思う人はいないと思うけれど、もっとオハナと過ごせばよかったと思う人は多いのではないかしら」

家族との絆に重きを置いて生きてきた人の言葉はあたたかく心に響きます。

趣味を持つと笑顔が増える

多趣味のデイナさんは、ゴルフ、ラケットスポーツのピックルボール、孫たちとの釣りのほか、ウクレレと歌はパーティーで演奏を頼まれるほどの腕前です。

昨年、長年勤めた会社をリタイヤした後は、自宅のガレージで過ごす時間も増えました。ここはデイナさんの趣味の部屋。数年前にはじめたウクレレづくりに必要な部品や機材がびっしり並び、製作中のウクレレも置いてあります。演奏するだけにとどまらず、つくってしまうほどウクレレに惚れ込んでいる理由を、「ウクレレは人を幸せにするからね」と教えてくれました。

完成品には番号を付けて、ひとつずつ大切な人に贈っているというデイナさん。取り出したノートには、品番とプレゼントした人の名前がきれいに記してありました。幸せをシェアする……これがアロハの精神です。ガレージにはテレビや冷蔵庫もあって、ここから冷えたビールを出して飲みながら作業するのが至福の時。「1本飲む？」と、はにかみながらすすめてくれました。

一方、ヨランダさんは最近友達とはじめた陶芸に夢中です。裏庭に趣味のスペースをつくって、陶芸窯も入手。試行錯誤しながら食器や人形をつくるのが楽しくて仕方がないといいます。

そんなデイナさんとヨランダさんの共通の趣味は、ピックルボール。1週間に数回は仲間たちと汗を流しています。「毎日いそがしい！」と、ふたりは目を合わせて笑っていました。

1.この日はデイナさんの誕生日を家族や友人でお祝い。デイナさんもビール片手に上機嫌！ 2.キッチンの窓には、家族や親戚、友人と交換し合うクリスマスカードが一年中飾られている。

2

1

1.ウクレレをつくるデイナさん。使う木によって音色が違うため、完成後に音を確かめるのも楽しみ。2.ガレージは、ウクレレづくりの機材、工具、バイク、冷蔵庫などを置いたデイナさんの「城」。

4

3

3.デイナさん作のウクレレを部屋にも飾っている。フックも手づくりでウクレレを半分にしたデザイン。4.ウクレレや3人の娘の思い出の写真を飾ったリビングルームの片隅。

5.誕生日には、飾り付けをしてパーティーを盛り上げる演出を欠かさないモートン家。6.二世帯住宅で同居する孫のニクソンくんはおばあさん(ヨランダさん)が大好き。

6

5

家の裏庭はヨランダさんの趣味のスペース。友人たちと3人で陶芸教室に通いはじめて以来、彼女がすっかりはまってしまった趣味が陶芸です。料理が得意なヨランダさんがつくるのは、さまざまな形の器やお皿に加え、花瓶、人形などで、その制作意欲はとどまることがありません。自分で使ったり、友人にプレゼントしたり、いくつあってもその数だけ笑顔がこぼれます。

縁あって陶芸窯も譲り受け、庭に設置完了！ 土を練り、成形し、乾燥させて素焼きに。その後、絵付け・色付けをして本焼きへという、各工程をへて完成しますが、没頭して時間を忘れることも。日本の陶芸の本場で学ぶのが目下の目標です。

Pick up !

陶芸制作に勤しむ日々

Pottery

物置きの扉を開けると製作中の作品がびっしり並んでいる。

大きな陶芸窯も配置されたヨランダさんの趣味のスペース。

庭にちょこんと置かれた縁起ものの精霊ノーム人形も、ヨランダさんの作品。

Tell me about your house

1.間取りは？
1ベッドルーム、2バスルーム

2.築年数は？
55年

3.この家で何年暮らしている？
36年

4.購入した理由は？
夫に土地勘があった。

5.住んでいるエリアはどんなところ？
涼しくて緑が多い地域。住民がいい人ばかりで、生涯の友達もこの地にたくさんいる。

6.あなたにとって「家」とは？
自分らしくいられる場所。家族の居場所、心地よいところ。プライベートの思い出が詰まっている。

7.いちばん長く過ごす部屋は？
料理をするキッチンと、テレビを見たり、家族でゲームをしたりするリビングルーム。

8.ハワイ暮らしの魅力は？
暑すぎず寒すぎない。生まれ育った親しみのある島であり、家族がいるホームで安心した日々を送れる。

リビングルームとつながるダイニングは、食事をしたり、コーヒーでひと息したりする空間。

Case
— 2 —

家族も友達も集いたくなるオハナの家

Peter Fa
Patty Fa

ピーター・ファーさん
パティ・ファーさん

大家族のために自ら家をデザイン

ハワイカイのほど近く、ホノルルマラソンのコースでもあるカラニアナオレ・ハイウェイ沿いに暮らすピーターさん、パティさん夫妻。双子の娘さんたち、そしてパティさんのお姉さんが一緒に住んでいます。

「この家はオハナのための家。土地を買って家を建てたのが1996年で、パティの両親も一緒に暮らすために完全な二世帯住宅を設計しました」と話してくれた夫のピーターさんは建築士。デザインする時に意識したのは、スペースをフルに活用すること。その理由は、家族に加えてゲストも集う家にしたいと思ったからでした。サンクスギビングデーやクリスマス、誕生日などに、家族や友達を集めて祝うのがアメリカの慣習です。家の裏側にはアウトドアスペースが設けてあり、20人あまりが座れる屋外用の長テーブルが置かれていました。家の前の庭は犬たちを遊ばせるための芝生エリアに。リビングには誰もがくつろげるようにと大きなソファがセットされていました。そして、家族が食事をするダイニングからは海となだらかな丘が見えます。

どこを切り取っても絵になるような住空間。同時に感じるのは居心地のよさ。「お邪魔したくなる」家です。ハワイでは大事な友達に対しても「あなたは私のオハナ」と伝えます。ピーターさんたちの家は、オハナが共に時間を積み重ねてきたことで生まれたぬくもりを持っていました。

暮らしのリズムを大事に

ピーターさんがいちばん長く過ごす部屋は書斎だといいます。

「リモートワークだから自宅で一日中、PCと睨めっこをして働いているんです。その後にジムに行ったりテニスをしたりして汗を流して、ビールやワインを飲む時が一日のリラックスタイム。休みの日は庭の芝を刈ったり、家の修理をしたりして、何かと家の仕事をしているね」

そういいながら、ワッハッハと大声で笑うピーターさん。広い家なのでメンテナンスは大変そう。妻のパティさんは、「夫はもっぱら家の外側のことをしていて、私は室内の掃除が多いかしら。娘たちは数年前にアメリカ本土の大学を卒業後、ハワイへ戻ってきて、以前私の両親が住んでいた下のフロアで暮らしています。いつも食事の準備をしてくれるんですよ」と、時とともに変わりゆく家族の日常を話してくれました。

そんなパティさんは会社員生活に終止符を打ち、今はもうひとつの顔であるエクササイズのインストラクターをしています。教えているのは、キックボクシング、筋トレ、ピラティスなど幅広く、現役時代と変わらずいそがしそうです。

「日々の幸せって日常の暮らしのリズムにあると思うんです。毎日ルーティーンがあるでしょう? 朝は近所の海沿いを犬と一緒に散歩して、掃除をして、エクササイズを教えに行って、帰宅すると犬たちがとびきり喜んで迎えてくれる。そして、夜は家族みんなで食事をする。当たり前と思いがちな日常にこそ幸せがあるんじゃないかしら」

家族の旅はアルバムに収める

ピーターさんは、6歳の時に台湾からハワイへ家族で移住してきました。一方、カリフォルニア州で生まれたパティさんも、40年以上前にハワイに引っ越してきたといいます。ハワイで知り合い、1990年に結婚して子育てをしたハワイは、ふたりにとってはもはや故郷です。

「でもね、ハワイはやはり小さな島だから外へ出ていくことも必要だと思っています。私たちは1年に1回は必ず家族で旅に出かけるんです。アラスカ州、メキシコ、アメリカ東海岸から南下するフェリーの旅、イエローストーン国立公園も素晴らしい経験でした。場所によって違う文化に触れられて、美しい自然を見ることができる。その体験は何にも変えがたいこと」とパティさん。

彼らの旅は帰ってきて終わりではなく、一緒に暮らすパティさんのお姉さんがアルバムをつくってくれるのだそう。毎年、旅の思い出が形となり1冊ずつアルバムが増えていきます。ピーターさんがキャビネットから両手に抱えて持ってきてくれました。パティさんは「これは50歳の記念に女友達3人でドイツに行った時のものなんです」と、そのアルバムの中から1冊を手に取りました。ドイツ系アメリカ人の父親を持つ彼女にとって、ドイツは特別な意味があるところ。懐かしそうにページをめくっていました。

いくつもの土地を訪れることの幸せと、日々の営みの中で感じる幸せ、どちらも大切にする。それがファーさん一家のライフスタイルです。

1

2

1.3階のベッドルームからの眺め。なだらかな山の向こうはハナウマ湾。**2.**リビングで愛犬とリラックスするピーターさん、娘のニコルさん、パティさん。

機能的にデザインされたキッチン。カウンターは軽く1杯ワインを飲む定番の場所。

1.玄関を入ったところに広がる玄関ホールは、ソファを置いて重厚感のある空間を演出。**2.**今は階下に住む双子の娘たちが、高校生の頃にふたりで使っていたベッドルーム。**3.**ダイニングから続くラナイ。リビングとダイニング、ラナイが2階にあることで、幹線道路沿いに建つ家であることを感じさせないつくりになっている。**4.**家の裏側のアウトドアスペースは、パーティーで人が集まる時に重宝する広さを備えている。

1年に1回、家族旅行をするファーさん一家。パティさんのお姉さんや、両親が健在の時に一緒に行った大家族での旅は、どれも一生に残る思い出になっています。

その思い出を形にするために、帰宅後に紙のアルバムをつくるのが彼らの旅の締めくくり。とっておきの1枚をカバー写真にして、日にちと行き先をタイトルにすれば、ひと目見ただけでその旅があざやかによみがえります。

歴代の愛犬を含めた動物たちの写真は毎年カレンダーに。家族の記念日には特別な1枚を入れて、オリジナルカレンダーの完成です。

Pick up!

写真は紙焼きに

Photo Scrapbooking

遊び心でつくる愛犬カレンダーは毎年恒例のお楽しみに。

写真はデジタルでなくアルバムに。これでいつまでも色褪せることのない思い出になる。

Tell me about your house

1.間取りは？
5ベッドルーム、2.5バスルーム
2.築年数は？
27年
3.この家で何年暮らしている？
27年
4.購入した理由は？
ロケーションがよかった。
5.住んでいるエリアはどんなところ？
ワイキキとハワイカイの間にあって便利な地域。お隣をはじめご近所と仲がよく、いいコミュニティ。
6.あなたにとって「家」とは？
帰る場所であり、犬が喜んで迎えてくれるホッとする場所。
7.いちばん長く過ごす部屋は？
自宅で仕事をするリモートワークなので書斎（ピーターさん）。
犬の散歩やエクササイズの指導でほとんど外（パティさん）。
8.ハワイ暮らしの魅力は？
故郷といえる場所に住めることが魅力。

ふたりのくつろぎの空間は、部屋の照明を落としてやわらかな自然光を取り入れたリビング。

Case

— 3 —

自然の延長線上に静かに住まう

Tony Wilson
Jeanette Wilson

トニー・ウィルソンさん
ジーネット・ウィルソンさん

隣同士になったふたりの運命

オアフ島東部にあって、ハイセンスなショップが立ち並ぶ海辺の街カイルア。トニーさんとジーネットさんは、静かな水辺の住宅地に暮らしている夫婦です。そんなふたりの出会いは「家」にありました。

サイパン出身のトニーさんは、20歳の時にハワイに引っ越してきました。その後、カイルアに住みはじめたのは1991年。10年後、トニーさんの隣の家に、カリフォルニア州から転勤により引っ越して来たのがジーネットさんだったのです。ある日、砂糖を切らしてしまったジーネットさんがトニーさんの家のドアをノックして、ふたりは会話を交わすようになりました。2010年、彼らは一緒に暮らしはじめ、2012年にすぐ近所に購入したのが今の家です。

「とても古い家だったけれど、ふたりともこの景色を見てひと目で気に入ったんです」と語るジーネットさんの視線の先には、海へつながる水辺が広がっていました。その向こうには青々とした山が静かに佇んでいます。

自然と調和する水辺の暮らしへ

ふたりが買ったのは1968年に建てられた家。家の中央に中庭があり、雨の日はそこから室内に水が流れてきてしまうなど、欠点だらけだったといいます。2015年に、完全に建て直すことを決意。9か月をかけて基礎からの大工事を開始、2018年にも8か月間を要した大改装を行い、安心して暮らせる家になりました。

そのコンセプトは、「目の前に広がるハワイの美しい自然をそのまま家の中につなげること」。家の中の壁はナチュラルなアースブルーに。フローリングは大地を思わせる茶色にして、室内から水面、その先に見える山へ、境界線を感じさせない開かれた家になっています。

「自然と心地よく調和していて、家の中はいつも平和で穏やかなんです」

ジーネットさんは、リビングのソファに座って外を眺めてはいつも癒されているといいます。トニーさんは、「僕たちはこの家のすべてを見てきたからね。工事をしてくれた人たちともたくさん話して、工程の一つひとつを見ることができました。ふたりにとってかけがえのない家なんです」と話してくれました。

いつだって家に帰る瞬間が幸せ

すでに退職しているジーネットさんと、現役で週に6日間働くトニーさんの楽しみは、年に1回の旅行。昨年はトニーさんのルーツをたどるため、アイルランドを訪ねました。おいしいものを食べて飲んで、人を訪ねて、思い出に残る旅になったといいます。こうした旅の記念が部屋を彩っていました。写真とは少し風合いが違う絵は、ジーネットさんの手塗りによるもの。写真を印刷してそこに彩色を施すことで、写真が絵のような味わいを増す手法です。

「旅はもちろん、外でスポーツをしたり、遊びに出かけたりすることも大好き。でもね、家に帰ろう！と思う瞬間がいつだっていちばん好きなんです」とジーネットさん。

アメリカの政府機関で働いていたジーネットさんは、大きな責任を抱えてハワイに転勤してきました。その半年後にアメリカ同時多発テロが起こり、彼女の任務は大きくシフトすることに。ハワイは、突然それまでのキャリアとは全く違う職務を遂行することになった場所。最愛のパートナーとめぐり合ったのもハワイ。一生の友達といえる仲間たちと出会い、退職の地となり盛大なリタイアメントセレモニーで新たな人生をスタートさせたのもハワイ。彼女にとって、ハワイは人生の拠点になりました。

一方、自分が育ったサイパンを今も愛しているトニーさんは、「サイパンには、もし僕が明日一文無しになったとしても迎え入れてくれる友達がいます。ハワイも同じくらいあたたかくてやさしい人たちがいて、アイランドスタイルを持っている」と、改めてこの島への思いをめぐらせました。

デッキに座って、魚が跳ねる音が響く水面を見つめながら、人生と暮らしについてていねいに語ってくれたふたり。そのデッキにはＢＢＱグリルが置いてあります。毎日食事をつくっているトニーさんは、「彼女はＢＢＱが好きだから、デッキで肉を焼いてリラックスするのも僕らの楽しみのひとつ」と微笑みます。毎週金曜日は、火を前にワイングラスを傾けながら過ごすといいます。

運命的な出会いから22年。今もお互いを「人生の宝」といい合うおしどり夫婦は、日常にある幸せの尊さを感じながら暮らしています。

1

2

1.緑、水、風に抱かれるデッキ。友人たちを呼んでパーティーをする時も、ここでBBQを楽しむ。 **2.**リビングルームの前にはプールも。以前飼っていた愛犬がここで泳ぐのが大好きだったという。

淡いブルーの壁に、天然木のテーブルセットが置かれ、落ち着いた雰囲気のダイニング。

対面式キッチンカウンターを備えたキッチン。料理はトニーさんがすることが多いそう。

2

1

1.ハワイアンキルトでそろえたベッドルーム。壁の絵はカイルア在住のアーティストによるもの。 2.ジーネットさんの曽祖父が1902年につくったロッキングチェア。母親から受け継いだという宝物。

3.書斎には、ジーネットさんがカリフォルニア州の海でダイビングした際に撮った海中の写真が飾られている。 4.映画『ゴッドファーザー』と『ナチュラル・ボーン・キラーズ』になぞらえた「グリルファーザー／ナチュラル・ボーン・グリラーズ」のプレート。

4

3

ジーネットさんの趣味のひとつが写真の色塗り。トニーさんがカリフォルニア州に住む息子さんに会いに行った時の1枚、ジーネットさんと母親との写真……。

そして、「これも大事な1枚」というのが、トニーさんの父親とマウ・ピアイルグさんの写真。マウさんは、ハワイの伝統航海カヌー「ホクレア」にミクロネシアの島に伝わる伝統航海術を教えたレジェンドです。トニーさんの父親の「飲み仲間」だったと知って、トニーさんも驚いたといいます。

Pick up !

手塗りで彩る思い出

Painting

ふたりとそれぞれの家族の大事な写真をプリントし、ジーネットさんが彩色を施した作品。

写真に色塗りしていく際に使う、ジーネットさん愛用のイーゼル。

Tell me about your house

1.間取りは？
4ベッドルーム、3バスルーム
2.築年数は？
55年
3.この家で何年暮らしている？
11年
4.購入した理由は？
以前暮らしていた家を売る際、家を見に来た人が「近くにもいい家があった」と情報を教えてくれ、見に行ったところ、家からの眺望に魅了されて購入することに。
5.住んでいるエリアはどんなところ？
静かなところ。
6.あなたにとって「家」とは？
平和で幸せで安心できる、夫と過ごす場所（ジーネットさん）。

自分にとってもっとも心地よい場所。最初、家自体は好きになれなかったけれど改装を重ね、今では本当の意味でホームになった（トニーさん）。
7.いちばん長く過ごす部屋は？
リビングでくつろぐ。水辺で山並みを眺められるデッキは夫婦ふたりで長く時間を過ごす場所。
8.ハワイ暮らしの魅力は？
夫と楽しい生活を営んでいる。家族はアメリカ本土で時々恋しくなるけれど、大事な友達もたくさんできたハワイが人生の拠点（ジーネットさん）。

のんびりしていて、アメリカ本土にくらべると犯罪も少ない。ペースがゆっくりで自然が美しく、趣味のテニスを通して素晴らしい仲間たちに出会った。そんな仲間がいて、何よりジーネットと一緒にいられる（トニーさん）。

アーウィンさんとゲイルさん、そしてハワイ島ヒロから里帰りしていた長女のモリッサさん夫婦と一緒に。

Case

— 4 —

世代を超えて幸せをつなぐ

Irwin Kahakui
Gail Kahakui

アーウィン・カハクイさん
ゲイル・カハクイさん

家と家族のあたたかな思い出

のどかなカネオヘ湾を見渡す一軒家。「あそこに見えるのがココナツアイランド。昔は目の前に何もなかったからチャイナマンズハット（モコリイ島）もよく見えたんですよ」

妻のゲイルさんは、周辺が宅地開発されていく様子をこの家から見てきました。「古い家でしょう？　築80年くらいかな。ペンキの塗り直しなどリノベーションが必要なんです」といい、この家が持つ家族の歴史を話してくれました。

ゲイルさんの祖父は山口県から、祖母は沖縄県から移民としてハワイにやってきました。彼らが移り住んだのはハワイ島。ゲイルさんの両親もゲイルさんもハワイ島ヒロの街で生まれました。ゲイルさんが幼少期だった１９６７年、両親がオアフ島に引っ越すことを一大決心して購入したのが、現在ゲイルさんと夫のアーウィンさん夫婦が暮らす家です。

「だから私は自分が育った家で、子どもたちを育てたんですよ」とゲイルさん。ご縁があってハワイ島ヒロに嫁いだ長女のモリッサさんは、１か月後に出産を控えてちょうど里帰りをしていました。新たな命の誕生もこの家になりそうです。

３世代をつなぐ家の中には、家族の写真や、ゲイルさんの母親が描いたカネオヘ湾の絵、叔母が描いたハナウマ湾の絵、モリッサさんが母の日に描いた絵などが飾られていました。

海に面した大きな窓の近くに置かれたダイニングテーブルとイスは、コアウッドでつくられたもの。「両親がこの家を買った時に、前の住人から受け継いだの。クッションカバーを新しくしたり、ニスを塗ったりして、メンテナンスしています」とゲイルさん。

琥珀色のコアとよく合うハワイアンプリントのクッションカバーを選んだのは、ハワイアンの血を継ぐ夫のアーウィンさん。家具も大事に継承されています。

受け継がれる生命の息吹が宿る庭

ゲイルさんが「見せたいものがあるの」といって、家をぐるりと囲む庭を案内してくれました。小さく弾けるような黄色い花を指して「このポップコーンオーキッドはね、私の伯母がくれたものなの。これがオリジナル。株分けして木に寄生させて増やしていったんです」

可憐な花が、庭のあちこちを彩っていました。たわわに実ったパパイヤの木はゲイルさんの母親が植えたもの。祖母から母親へ、そしてゲイルさんが譲り受けたという純白の花ものびやかに咲いていて、「この花は私より年上なの！」とうれしそうに笑います。ここに引っ越してきた時から庭にあったマンゴーやアボカドの木も、小さな実をつけていました。

ゲイルさんが大切にしているのは、家族とゆかりのある植物の世話をすること。庭で過ごす時間は自ずと長くなります。

「植物を見たり、世話をしたりする時、両親、祖父母、伯叔父母のことを思い出すの。母は大事に育てていたジンジャーの花を父のお墓に供えていました。植物は愛や責任など大事なことを教えてくれるんです」

アロハは文化、愛

アーウィンさんは、パンやケーキを焼く職人として働き、昨年退職したばかり。家でキッチンに立つことも多いといいます。得意料理は肉や魚のグリル料理。「好みを聞いて料理をつくって、おいしいと喜んでもらえるのがうれしい」というアーウィンさん。ゲイルさんも料理やお菓子づくりが上手で、ふたりはどこかへ行くたびにケーキやクッキーを焼いて持って行き、みんなに配っています。

「みんなでシェアすることが大事」

そういって、どんなものも家族や友達と分け合います。

「アロハ」の意味をたずねると、少し考えたふたり。この日、家に遊びに来ていた彼らの古くからの友人が「文化だよ。このふたりを見ればわかるでしょ！」と笑います。彼らの人生であり、日々の生活で満ちあふれているものがアロハで、それはハワイの文化としてこの地に根付いているもの。その後、ゲイルさんは「愛」と答えてくれました。

かつてアメリカ本土の大学に通ったゲイルさんは「どれほど車を走らせても、海も山も見えないところでね。ハワイが恋しくて、卒業後は戻ってきたんです」

そして、こう続けました。

「祖父母が勇気を持ってハワイに移民としてやって来てくれたから、私がここにいられる。ハワイで家族と友達とつながっていられること、いつでも会えることがとてもうれしいんです。彼らが私を心から幸せにしてくれるの。家族も友達も、そのかわりはいないでしょう？ 唯一無二の存在だから、これほど大事なものはないと思っています」

歴史と重厚感を感じさせるコア製のイスと奥のテーブルは、50年以上前
につくられたもの。

1.家族が食事をするダイニングテーブルからの眺望。右に見える半島はアメリカ海兵隊基地。2.パイナップルやパパイヤ、オーキッドなど、庭にある木々や花々がいきいきとしている。

3.母親がチャイナマンズハットを描いた油絵は、大事にリビングルームに飾られている。4.移民としてやってきた祖父母の文化が受け継がれ、どこか懐かしさも感じさせるカハクイ家。

5.キッチンで料理やお菓子をつくる時間も長いゲイルさん。誰かのためにつくるのが幸せだという。6.リム(ハワイの海藻)入りアヒ(マグロ)など、2種類のポケをごはんにのせたロコのなじみのポケ丼。

愛情たっぷりの手づくりエナジーバーは心も体も元気になる味わい。

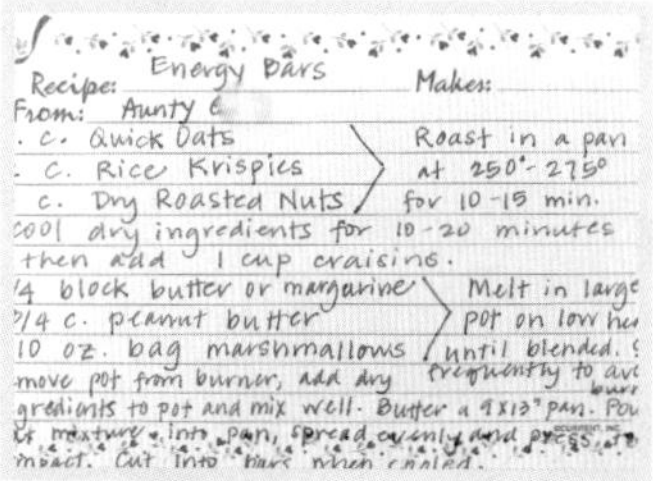
Recipe: Energy Bars Makes:
From: Aunty G
. c. Quick Oats
. c. Rice Krispics
. c. Dry Roasted Nuts
Roast in a pan at 250°-275° for 10-15 min.
cool dry ingredients for 10-20 minutes then add 1 cup craisins.
/4 block butter or margarine
/4 c. peanut butter
10 oz. bag marshmallows
Melt in large pot on low heat until blended.
frequently to avo burn
move pot from burner, add dry gredients to pot and mix well. Butter a 9X13" pan. Pou mixture into pan, spread evenly and press mpact. Cut into bars when cooled.

ゲイルさんが書いてくれた「ゲイルおばさんの特製エナジーバーのレシピ」。

Pick up !

ゲイルおばさんのエナジーバーレシピ

1.フライパンにオートミール（3½カップ）、ライスクリスピー（2½カップ）、好きなナッツ（約120g）を入れ、ごく弱火で10〜15分混ぜながら、乾煎りする。

2.火を止めて10〜20分ほど冷ましたら、クランベリー（約130g）を加える。

3.大きな鍋にバターかマーガリン（約180g）、ピーナツバター（約170g）、マシュマロ（約280g）を入れ、焦げないように弱火で溶かして混ぜあわせる。

4.3を火から離して**2**を入れ、よく混ぜあわせる。

5.22㎝×33㎝のサイズのバットにバターを塗って、**4**を入れて平らに広げ、ぎゅっと押し付ける。

6. 冷めたら食べやすいサイズにカットして完成！

※1カップ＝200㎖

Aunty Gail's Energy Bars Recipe

Tell me about your house

1.間取りは？
3ベッドルーム、2バスルーム

2.築年数は？
約80年

3.この家で何年暮らしている？
56年

4.入手した理由は？
幼少期に両親が購入した家。父の姉妹が近くに暮らしていたのでこの地域を選んだ。

5.住んでいるエリアはどんなところ？
タウン（ホノルルエリア）は混み合っているのに対し、ここは静かで涼しくて海と山があり、自然が豊か（ゲイルさん）。タウンへ向かう高速道路が近く、ビーチがきれいなカイルアにも近く、ロケーションがいい（長女モリッサさん）。

6.あなたにとって「家」とは？
安全。家族との縁を感じる場所。子どもへと受け継ぐもの。

7.いちばん長く過ごす部屋は？
グリルで肉や魚を焼いたりすることが多いので、キッチン（アーウィンさん）。

8.ハワイ暮らしの魅力は？
家族が近くにいて彼らとつながっていることを感じながら暮らせる（ゲイルさん）。
いつでも海で泳げる！（モリッサさん）

海から風が吹き、緑がまぶしいラナイ。
克子さんと夫のデイビッドさんがビー
ルを飲むのはいつもここ。

Case
— 5 —

海と緑の愛があふれる地で

Katsuko Riddle

克子・リドルさん

世界のサーファーたちが帰る家

一年中、観光客で賑わうオアフ島北部の地ノースショア。その海辺に、克子さんは夫のデイビッドさんと暮らしています。「夫が独身の頃、40年ほど前に引っ越して来て……」と話す克子さんの後をついて階段を上がると、海に面したラナイが広がっていました。

ノースショアの海は表情豊か。夏はコバルトブルーの穏やかな海が、冬には大波が押し寄せるダイナミックな姿に。サーフィンの世界大会が開催され、世界中からプロサーファーたちが大波に挑みにやって来ます。デイビッドさんは、サーフィン大会のスポンサーも務めるサーフブランドのVolcom Hawaiiに所属して、長年この地でプロのサーファーを育ててきた人。毎朝必ず海へ行き、波の様子をチェックするという生活を30年以上続けています。

ふたりの家には、冬になるとオーストラリアやブラジル、カリフォルニア州などからのサーファーが滞在し、それは賑やかになるのだとか。克子さんは「結婚当初は、知らない人たちが家の中を歩いていて驚きました。夫が彼らに『自分の家だと思って！』といっているのを聞いて、そうなの？って」と笑います。今ではクリスマスや年末年始に日本の料理をつくり、彼らに振る舞うのが恒例になっているそうです。

海を望むリビングルームにはレイをかけたサーフボードが2枚置かれています。これはデイビッドさんが、子どもの頃から教えてきたアンディ・アイアンズさんとデレク・ホーさんのもの。3回の世界タイトルを獲得したハワイの英雄アンディさんと、ハワイのレジェンドのデレクさん。若くしてこの世を去ったふたりのサーフボードを「デイビッドに持っていてほしい」といったのは、そのご家族でした。

部屋に飾られた写真は、２００５年の

デイビッドさんと克子さんの結婚式の時のもの。ハワイを代表するサーファーたちの祝福を受け、とびきり幸せな笑顔のふたりを収めたこの写真は、当時のサーフィン雑誌にサプライズで掲載されたそうです。写真のフレームに沿うようにかけられているのは、結婚式でデイビッドさんが身に着けたマイレレイ。ハワイの伝統的な結婚式で欠かせない神聖なレイが18年間、ふたりを見守っています。

緑のちからに満たされて

ふたりの家は広い緑あふれる庭の中、大きな木の下に建っています。

「外にこれほど緑が生い茂っているので十分だと思っていたのですが、ある時花をもらって室内に置いたら部屋の空気感が変わったんです。植物の生命力を感じるというのでしょうか。それ以降、庭から小さな緑や花を持ってきて飾るようになりました」

朝晩、庭と部屋の緑に水をあげることが、克子さんにとってもヒーリングになるといいます。

デイビッドさんは、ホノルルなどの賑わう街は苦手。一方、克子さんはこの場所に住みはじめた頃、あまりにも静かで夜は眠れなかったのだそう。「いまだに慣れないんです」と笑いますが、雄大なハワイの自然のリズムに導かれるこの家は、彼女にとって安らげる居場所になっています。

地球にも体にもやさしい生き方

ふたりの生活の場は2階で、1階には克子さんの工房があります。彼女は2017年に、繰り返し使える食品用ラップ「ビーズ・コットン・ラップ」を立ち上げました。

「大病を患ったことをきっかけに、食を見直すようになったんです。それでも再発してしまい、日常的に使っているプラスチックに含まれる化学物質を気にかけるようになりました。そもそもここノースショアではなんでも簡単に手に入るわけではないので、食品の保存のために蜜蝋ラップを自分でつくってみたんです」

試行錯誤を繰り返して完成したラップを友達にもお裾分けしていたところ評判に。「『身体』に安全で地球にもやさしいなら、多くの人に使ってもらいたい」と思うようになった克子さん。その思いが実を結び、ハワイのオーガニック・スーパーマーケットなどでも扱われるようになり、今では日本から買い求めに来る人もいるほどまでに広まっています。

「一人ひとりが使い捨てラップの使用量を1日10cmでも減らし、それを10人、100人が行えば影響力は大きくなっていく。そんなことを思いながらコツコツ続けています」

克子さんは、ノースショアの自然を肌で感じながら、環境も体も健康になる営みを大事にしています。

ラナイのコーナーは、コーヒーを片手にゆっくり海を眺める克子さんお気に入りのスペース。

1.本を読んだりテレビを見たりする時に座るリビングルームのリクライニングチェア。2.サーフィン雑誌に掲載されたデイビッドさんと克子さんの結婚式の写真。3.リリコイ（パッションフルーツ）バター餅とお手製レモングラスティー。後ろはアーティストである友人からの誕生日カード。

4.亡き英雄のふたり、アンディ・アイアンズさんとデレク・ホーさんのサーフボードをリビングルームの一角に置いている。5.家の前の庭には近所の親子が来てみんなで遊ぶことも。そのすぐ向こうは海。

最初は克子さんが自分の体のためにつくってみた蜜蝋ラップ。材料の蜜蝋と自然の樹脂が持つ自然の抗菌作用により、食べものの鮮度を保ってくれる優れもの。繰り返し使えて、100%自然素材でつくっているので最後は土に還ることができるといいます。

今では「ビーズコットンラップ(Bee's Cotton Wrap)」として一般に販売するまでになりました。その機能性とデザイン性から愛用者が増えて、生産が追いつかなくなることも。そんな時も、克子さんは「売る気でつくるのではなく、買う気でつくる」ことを忘れないようにしているといい、1枚ずつ手作業で仕上げています。

Pick up!

手づくり蜜蝋ラップ

Bee's Cotton Wrap

使うのが楽しくなるハワイらしいデザイン。

サンドイッチやおにぎりを包んでビーチに持って行くのにも活用できる。

1階の工房。すべての蜜蝋ラップがこの場所で生まれている。

Tell me about your house

1.間取りは?
3ベッドルーム、1.5バスルーム

2.築年数は?
50〜60年

3.この家で何年暮らしている?
18年

4.入手した理由は?
結婚した夫が暮らしていた家。

5.住んでいるエリアはどんなところ?
自然がいっぱいで、夜は静まり返っている。夫が長年かけて築いてきたいいコミュニティができていて、他国から移り住んできた自分も受け入れてもらえた。

6.あなたにとって「家」とは?
自分の居場所。

7.いちばん長く過ごす部屋は?
ゆっくり景色を見たり、テレビを見たりしながら過ごす2階のリビングルームと、仕事をする1階の工房。

8.ハワイ暮らしの魅力は?
のんびりしたハワイアンタイムがあること。自分には「ALOHA」を語る資格はまだないけれど、それが素晴らしかったと最期に思わせてくれるのかもしれない。そう思えるところに住んでいるのが魅力。そして、何よりここには夫がいること!

夕方にふたりで乾杯するハッピーアワーを過ごす空間として改装したテラス。

Case
— 6 —

改装でより快適になった幸せ時間

Tom Roerk
Katsumi Roerk

トム・ロークさん
勝美・ロークさん

2年かけて行ったリノベーション

今年で結婚30年を迎えたトムさんと勝美さん夫妻。ホノルルマラソンに参加するためにハワイを訪れた勝美さんが、トムさんと知り合って結婚。トムさんが母親と買ったパールシティーのタウンハウスに暮らしはじめました。ワイキキから車で20分ほど西に向かった郊外で、スーパーマーケットやスワップミート、ホームセンター、飲食店などがそろう便利な地域です。

勝美さんは長く勤めた大手日系企業を早期退職し、次いでトムさんも30年のサラリーマン生活にピリオドを打ちました。ふたりでリタイヤ生活となり、決意したのが1976年に建てられた家の大改装。すべてを業者に任せるのではなく、友達や夫婦ふたりでコツコツと進めていきました。DIY大国アメリカでは、自分たちで改装をするのはごく一般的なこと。ホームセンターの規模はとてつもなく大きく、材木から床材、洗面台、バスタブ、ドアまで、家を一軒建てるのに必要なすべてがそろっています。ローク夫妻は約2年をかけて、ついにリノベーションを終えました。

ハッピーアワーの空間づくり

天井と壁のペンキをひとりで完璧に塗り上げた勝美さん。こだわりのキッチンはプロに依頼しました。

「カウンターをつくりたかったんです。つくったものをパッとのせて、つまめて、乾杯できるでしょ!」

トムさんは「彼女は、冷蔵庫の中にあるものでクリエイティブなププをつくる天才」といいます。子育てを終えてふたり暮らしとなった彼らにとって、食事をするのにこのカウンターは大活躍。この日も勝美さんは、ポケやサーモンディップなどを手際よくつくってくれました。香ばしく焼いたバゲットにのせて、庭で育てたハーブを散らせばププのでき上がり。トムさんが手製のマンゴーピクルスを持って来て、さぁ乾杯！

「外はハッピーアワースペースになっているんですよ」とトムさん。実はふたりが最初に改装したのは、ダイニングから外に出たところにあるテラス。ハワイやアメリカ本土をはじめ、各国のビールのラベルがびっしり貼られた冷蔵庫を開けると、ふたりの大好物のビールがキンキンに冷えています。「毎日、ここで一杯飲むのが最高のひと時」というトムさんは、自分でビールをつくるほどの愛好家。ビール愛あふれるオープンエアスペースは、緑に囲まれていてハワイらしいやわらかな風が舞っていました。

ストーリーに満ちたインテリア

キッチンカウンター横のラックには、ビンテージボトルや、ユニークなデザインのビール瓶が、家族の写真と一緒にさり気なく並んでいます。トムさんは、コイン、ビアグラス、ボトルのコレクター。中でも10代から集めてきたボトルへの思い入れは強く、１４０年以上前のものもあるといいます。

「ハイキングで古いボトルを拾ったことがきっかけでね。それが１００年以上前の牛乳瓶だとわかった時は、歴史が身近に感じられて興奮しました。18歳の時にダウンタウンで大規模な開発が行われて、そこでも友達とボトルを掘り出したんですよ！」

希少価値のある１８８０年のJJ Melchersのビンテージボトル、今はその歴史に幕を下ろしハワイの伝説となったビールメーカーの１００年前のビアボトルなど、語りだしたら止まりません。キッチンカウンターの下のスペースには、旅先でビアブリュワリーを見学するたびに買い集めたビアグラスコレクションもありました。

一方、勝美さんはハワイアンキルトが趣味。ハワイの植物をデザインしたタペストリーのほか、ハワイ王国の紋章をモチーフにした大作などが部屋のアクセントになっています。

「はじめたのは結婚当初。ハワイに暮らすのならハワイの文化を習おうと思ったんです。ご縁があって有名な先生に習っていたのですが、仕事や子育てで中断していて、娘が独立した後、コロナ禍でハワイがロックダウンになった時に、再開したんです。20年ぶりに！」

ハワイアンキルトの横にある柱の傷は、ひとり娘のリサさんの身長を刻んできたライン。改装してもそれだけはペンキで消さずに残してありました。

「夫婦が健康で、ビールをおいしく飲んで、たまに旅行をするという今の生活を大切にしていきたいな」という勝美さん。昨年に手術を受けたトムさんは照れながら「健康はお金で買えないもんね。エクササイズして体に気を付けていくよ」と答えていました。

1.ふたりで並んでププをつまんだり、食事をしたり、笑顔が生まれるキッチンカウンター。**2.**アイデア満載で手際よくつくる勝美さんの手料理はどれもおいしいと、まわりからも評判。

1.勝美さんがリタイヤ後に本格的に育てはじめたハーブ。テラスや庭で元気に育っている。**2.**ラベルデザインがユニークなビールボトルをテラスに飾って、ビアバーを演出。

3.スワップミートで買った花をダイニングのテーブルに。緑と花が暮らしを彩っている。**4.**リビングはトムさんがテレビを見るリラックススペース。日本の番組も好きなのだそう。

5.アメリカ本土やオーストラリア、アジアへと旅行するたびに、ビアブリュワリーでグラスを購入。**6.**ポケ、サーモン、アボカド、厚揚げ豆腐、チーズ、フルーツなど、品数が多くヘルシーなププ。

ローク家の暮らしの中心はゴールデンドゥードルのモクちゃんとムギちゃん。モクはハワイ語で島を意味し、見た目にもモクモクしているので「モク」と命名。「ムギ」はもちろんビール好きなふたりならではの「麦」から付けた名前。しつけクラスに通い、散歩、シャンプー、カットもすべて勝美さんが行います。というのも、3年前に天国に旅立った先代犬のココちゃんを育てた時は、夫婦共に仕事と子育てでいそがしく、納得のいくまでかまってあげられなかったので、今はできる限りのことをしたいから。外出先から帰宅すると2匹がうれしさいっぱいで迎えてくれるのも、家っていいなぁと思う瞬間なのだそう。

Pick up !

愛犬たちとの暮らし

Owning Dogs

勝美さんの後をついてまわる甘えん坊の兄モクちゃん（左）と弟のムギちゃん（右）。

犬は家族として欠かせない存在で、結婚してからずっと飼ってきたふたり。至るところに犬グッズが！

Tell me about your house

1.間取りは？
3ベッドルーム、2バスルーム

2.築年数は？
47年

3.この家で何年暮らしている？
30年

4.購入した理由は？
タウン（ワイキキを含むホノルル）にも近く、島の東北側へのアクセスがよい場所だったから。

5.住んでいるエリアはどんなところ？
日系を含めたスーパーマーケットやスワップミート、アウトレット、ホームセンター、飲食店などが近くにあってとても便利なエリア。

6.あなたにとって「家」とは？
どこに出かけても帰った瞬間、落ち着くことができる場所。私たち夫婦と犬たち全員がのんびりリラックスできるところ。

7.いちばん長く過ごす部屋は？
料理しているか掃除しているか、犬の世話をしているか常に動いているので、どの部屋も同じ（勝美さん）。
リビングでテレビを見ている時間がいちばん長い（トムさん）。

8.ハワイ暮らしの魅力は？
大学時代を含め8年間、インディアナ州で暮らして楽しかったけれど、同時に、ハワイの気候がいかによいか、人がやさしいかということに気付いた。広々していて海も山もすぐ近くにある素晴らしいところが自分の故郷で、そこに暮らせるなんてうれしいことだと思う（トムさん）。

コオラウ山脈が見える庭は、愛犬ペッパーとロニ（ペパロニから命名）と家族が遊ぶ憩いの場。

Case

— 7 —

人にも土地にも愛を注ぐ

Dennis Hida
Yvette Hida
Kayla Hida

デニス・ヒダさん
イベット・ヒダさん
カイラ・ヒダさん

世界でいちばん好きな街

デニスさんとイベットさん夫妻は、生まれも育ちもオアフ島ウィンドワードエリアのカネオへ。次女のカイラさん、イベットさんの母親と4人で暮らしています。家族全員が地元に対して思い入れがあり、口をそろえて「ここは素晴らしいところ」といいます。「賑やかな街中ではなく、だからといってものすごい田舎でもない。適度に雨が降るおかげで豊かな緑に覆われた山々が美しく、海も身近にある。ここが大好き！」とカイラさん。イベットさんも「旅行でどこを訪れても思うんです。コオラウ山脈の景色が世界でいちばん好きだなぁって」と付け加えました。

オアフ島東部に位置するコオラウ山脈は天に向かって突き上げられたような山脈。山頂には常に雲がかかっていて、そこから降った雨は長い滝となって麓の土地を潤します。かつてハワイアンの人たちは、その水を活用してタロ芋の水田をつくり、生活していました。そんなハワイの歴史を紡ぐ荘厳な山々をたたえながら、この街の人たちは暮らしています。

「ここにはアジア、ポリネシアなどハワイらしくいろいろな人種が生活しています。そのコミュニティが心地よいし、規模的にも大き過ぎず、小さ過ぎず、私たちにとってちょうどいいんです」とデニスさん。

この家は、2012年に購入した土地に、イベットさんがデザインを考えて建てた一戸建て。「その前に暮らしていたところは？」とたずねると、「カネオへ！」と全員で答えてくれました。

三者三様の想いが詰まった家

家族全員がくつろぎ、語らうスペースは、吹き抜けのリビングルーム。中央に大きなリクライニングソファが置かれています。デニスさんは「私のベッドになっているんですよ。なかなか寝室までたどりつけなくてね」とはにかみます。パンデミック以来、自宅で働くようになったデニスさんの書斎も、リビングルームの一角にあります。「最初は家で働くのは苦手だったけど、犬たちは喜ぶし、すっかり慣れました」と、今では仕事とプライベートのオンとオフを上手に切り替えているようです。

少し離れた町で眼科医院を営むイベットさんは、「家に帰るとやっぱりリラックスできます。自分らしくいられて自分のペースで好きなことをできるから」

次女のカイラさんは、「家はルーツだと思うんです。家族がいるということは、自分がどこから来たのかを示す場所。だから家族のつながりは特別で、私にとっては同居する祖母もとても大事な存在なんです」と、家への思いを語ります。

親子3代で暮らすことについて、イベットさんは「母をひとりにしないで済むので安心。何かあればすぐに助けることもできるでしょう？一方で、母には母のやり方があって、必ずしも私と同じではないので、正直にいうと少しむずかしく感じることもあります。そんな時は、母が私を一生懸命育ててくれたことを思い出すようにしているんです。娘のカイラは、私の母にいつもやさしく接してくれています。今は家族の立場が逆転しているんですよ。私が自分の子どものように母の面倒を見て、そんな母にたっぷりの愛情を注ぐカイラは、母の祖母のような存在に見えるんです」と微笑みます。

人も土地もケアして生きる

眼科医のイベットさんは、「私の仕事によって誰かを助けられることはとても幸せなことだと思います。でも、人生で大切なのはやはり家族。家族みんなが安全で健康でいること。あとは責任を持って生きること。いつかは私も仕事を辞める時が来ます。その時は患者さんを任せられるほかの病院があるから大丈夫」

今、イベットさんの仕事を手伝っているというカイラさんはすかさず、「私は患者さんを見ているからわかるのですが、母は最高の眼医者です。だから辞める時にはとても惜しまれるはず！」

そんなカイラさんは、大学卒業後に自分の専攻とは異なるソーシャルワーカーになることを決意し、大学に再入学しました。こうした進路を見いだしたのは、自身の祖母との関係性や母親の仕事の影響もあるかもしれません。

デニスさんは、仕事の合間を縫って２００９年からアフリカの水と衛生環境を整備する支援活動を熱心に行ってきました。「それが自分の役目だと思っている」といい、これまで団体として寄付した金額は16万５０００ドルに及びます。

家族全員が大好きな街で、お互いを思いやりながら暮らす家族。「アロハは愛。人も土地もすべてをケアすること」と３人が同時に教えてくれました。

日中はそれぞれが仕事、勉強に勤しむ家族。リビングルームはそんなみんなが、夕食後にリクライニングソファでくつろぎ1日の疲れをとる部屋。

2

1

1.グレーを基調にした清潔感のあるダイニング。家族がそろって食事をするのも大事な時間。2.十分なスペースを備えたリビングルームは、吹き抜けにすることでより開放感がある空間に。

4

3

3.大学の勉強もテレビを見るのも自分の部屋というカイラさん。4.仕事や趣味で予定びっしりのイベットさんは、キッチンをきれいに整頓して効率よく料理をする。

5.ハワイ出身で長年ハワイの自然を描いてきたアーティスト、パトリック・チンによる絵画。6.海洋生物学者として世界をまわっていたデニスさんの父親からのお土産という貴重な貝。

6

5

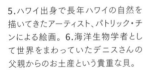

ヒダ家の次女カイラさんは、どんなことも深く考える性格だと自分を分析しています。大学でソーシャルワーカーになるための勉強をして、母親の眼科医院で働く中で、どのようにリフレッシュをしているのか——。それは「部屋の掃除」だといいます。

「音楽をかけながら掃除をしていると、どんなストレスも消えてなくなります。掃除は趣味みたいなものなんです」

きれいに整い清潔になった部屋は自分の心に反映されるというカイラさん。その部屋は、築11年とは思えないほどピカピカでした。

Pick up !

掃除でストレス解消

Cleaning

パソコンデスク。ものを置かないことでスッキリして、拭き掃除もしやすい。

突然見せてもらったにも関わらず、整理整頓されている部屋。

Tell me about your house

1.間取りは？
4ベッドルーム、3.5バスルーム

2.築年数は？
11年

3.この家で何年暮らしている？
11年

4.購入した理由は？
世界でいちばん好きなコオラウ山脈を庭から眺められる景色に魅せられて。

5.住んでいるエリアはどんなところ？
雨が多くて緑が美しいエリア。3つの高速道路を利用でき、どこへでも行きやすい。

6.あなたにとって「家」とは？
快適で、心が平穏でいられる場所。大事な家族である犬（ペッパーとロニ）がいるところ（デニスさん）。

リラックスできて自分らしくいられ、自分がしたいことを気兼ねせずにできる自分の居所（イベットさん）。

自分がどこから来たのかというルーツとつながる大事なところ（カイラさん）。

7.いちばん長く過ごす部屋は？
食べて寝て、日中は仕事をするリビングルーム（デニスさん）。

テレビを見たり、家族とおしゃべりしたりするリビングルーム（イベットさん）。

常に清潔に掃除をしてあり、テレビを見たり、眠ったり、PCに向かって勉強をしたりする自分の部屋（カイラさん）。

8.ハワイ暮らしの魅力は？
気候がよくて、ビーチも山も近い。人がやさしくて、安全。せかせかしていない。

雨と風で侵食されたコオラウ山脈と米最大級のサンゴ礁がある海に囲まれたカネオへ。Photo 137448439 | Hawaii © Patrick Evans | Dreamstime.com

自宅から歩いて数分のマリーナ。息子のボートが係留してあり、家族の遊び場になっている。

Case
— 8 —

生まれ育った土地でシンプルに生きる

Denise Kubo-Hokama

デニス・クボ - ホカマさん

海に面した部屋で過ごす家時間

海面がなめらかに揺れる海、緑に覆われた半島、その向こうに雄大な山を一望できる一軒家。デニスさんと息子さん家族は、6年前にこの家に引っ越してきました。

「二世帯住宅なんです。息子が一緒に家を買おうといって、地元カネオヘで探した家です。私は生まれも育ちもここで、実家も兄弟の家も歩いて10分。静かでのんびりしていて、涼しいこの街が好きで、家族みんなが住み続けているんです」

この家の決め手は風光明媚な立地。海に向かって建つ家に入ると、リビングルーム、ダイニングルーム、キッチンすべての窓の向こうに広がる海に、ぽっかりとチャイナマンズハット（モコリイ島）が浮いているのが見えます。

そのチャイナマンズハットを描いた大きな絵が、リビングルームの真っ白な壁に掲げられています。この風景をよく知っているからこその色使いで描かれた1枚は、デニスさんの友人であるローカルアーティストの作品。また、窓際には、娘さんと絵画教室に通って描いた絵が縦に3枚並んでいます。家族の写真、アンティークのボトルに挿したアンスリウムや小さな蘭、シダの葉など、その飾り方にはさりげないセンスが光っています。

「庭仕事が趣味でね、そこから花や葉っぱを持ってきて家の中に飾るんです。家は快適であることがいちばん。豪華ではなくてスッキリが好き。それから清潔であることも大事ですね」

彼女にとっての心地よさを表現したインテリアは、窓の外の風景と調和が保たれていました。コーヒーテーブルの上に置いてあったのは、「孫が大好きなんです」というレゴ。

「彼らは1階の自分の家と、2階の私の家を行ったり来たり。今、孫のひとりが隣の部屋でお昼寝しているんです」

まもなくして起きてきたお孫さんは、

制作中のレゴの続きに取りかかりました。デニスさんもレゴを手に持ちながら、やさしい眼差しで話しかけます。彼らにとっては日常なのであろう光景が眩しく、穏やかな時間が流れていました。

休日はアウトドアでアクティブに

ハワイアン航空に36年間勤務してきたデニスさんは、客室乗務員として日々飛びまわっています。家にいられるのは週の半分ほど。「仕事を通して人と出会って、コミュニケーションをとることが楽しいです。長い間働いてきたけれど、この家を買ったことだし、好きな習い事もしたい。そう思うともう少し働かないと」と笑います。

野球が大好きで、大ファンのイチロウを観るためにアメリカ本土まで飛び、ハワイが誇るミュージシャン、ジャック・ジョンソンの西海岸でのコンサートに行くなど、プライベートでもフットワークの軽いデニスさん。室内では、ジャック・ジョンソンのサウンドが軽快に響いていました。

オアフ島に帰ってきた時は、息子さん家族と過ごす時間も大事にしています。「夕方は庭に出て、みんなでビールを飲みリラックスするのも楽しみのひとつ。すぐ近くに小さなマリーナがあって、息子はボートを係留させているから、沖に出たり、魚を釣ったり、ダイビングをしたり、マリーナでBBQをしたりするんですよ。私たちはみんなアウトドア派。多くの時間をビーチやハイキング、公園で過ごしています。孫たちも外で遊んで健やかに育っているから、家にこもってゲームばかりすることはないんです」

歩きながら、甘い香りのプアケニケニの花を摘んで「はい！」と差し出してくれ、マンゴーの木の前では「このマンゴーは酸っぱいからピクルスにするといいわよ。持って帰る?」と、もいでくれたデニスさん。自然の恵み豊かなこの地で生まれ育った彼女は、それを享受しながら暮らしを楽しんでいました。

日々シンプルに凛と生きる

デニスさんは、仕事柄、多くの国へ飛び、さまざまな人と接し、多種多様な経験をしてきた人。どんな時でも、やさしく強く生きる秘訣は、「しっかり寝る。おいしいものをつくって食べる。家族で集まって過ごす。孫たちと遊ぶ。友達と会う。これだけ！ シンプルでしょう？ みんなで幸せになろうよ！ と思っていればうまくいくと信じているんです」

アロハスピリッツは、人を受け入れて敬うこと。そして、幸せをシェアすることだと考えるデニスさんは、何度も「シンプル」という言葉を使っていました。その上で彼女が大切にしていることは、家の中の壁にかけられた「Friends」「Home」「Love」の3枚のウッドサインボードが語っていました。

1.孫とレゴで遊ぶデニスさん。開放感あふれるリビングルームはいつも平和な時間が流れている。**2.**チャイナマンズハットの絵と家族写真の数々。デニスさんは、長男長女夫婦、7人の孫がいて大家族。

1.デニスさんが娘と海の中をイメージして描いた絵。青の濃淡が美しい。 **2.**家族写真とアートをかけ、テーブルに花や置物を飾って彩られた玄関。

3.メッセージが書かれたサインボードは、スリフトショップで買ったり、もらったりしたもの。**4.**料理が好きなデニスさんは、パスタやスープ、サンドイッチなどをつくって孫と食べることも。

植物を育てるのが楽しいというデニスさん。小さな緑をひとつずつ植木鉢や陶器に入れて世話をしている。

デニスさんは、子育てには「村」が必要といいます。よい価値観を教え、無条件の愛を注ぐことは家庭からはじまるけれど、みんなで子育てをする意識を持つことが大事だと。

自身は、仕事がいそがしく経済的にもゆとりがなかったため、子どもたちに多くを与えられなかったそう。「でも、家もベッドも、清潔な服もありました。彼らとビーチや山へ行き、家でボードゲームをするなどシンプルなことを続けたんです」というデニスさんは、人生に少しゆとりを見いだしている今、孫たちに対して「やはり同じようなことをしているわ！」と笑っていました。

Pick up !
子育てのヒント

Raising Children

海と共にたくましく育っている孫たち。ボートで沖に出て海に飛び込むのも大好き！

魚釣りも孫たちの定番の遊び。釣った魚は海に逃したり、BBQをしたり。

Tell me about your house

1.間取りは？
3ベッドルーム、2バスルーム

2.築年数は？
60年

3.この家で何年暮らしている？
6年

4.購入した理由は？
長男に一緒に家を買おうといわれて探したところ、海が見えて、しかも島も見ることができるこの家と出会って、とても気に入った。

5.住んでいるエリアはどんなところ？
静かなところでこの一帯は暑くない。自分が生まれ育った町であり、家族や親戚が近くに住んでいる。ほかの場所には暮らしたくないほど好きな場所。

6.あなたにとって「家」とは？
休息の地。家族や友達が集う大切なところ。

7.いちばん長く過ごす部屋は？
食事やお弁当づくりなど、料理をする時間が長いのでキッチン。

8.ハワイ暮らしの魅力は？
自然に恵まれ、ビーチに行ったり、ハイキングや公園に行ったりアウトドアがいつでもできる。

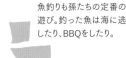

ブリエナさんの料理のレパートリーは
幅広い。甘えん坊の愛犬ジュエルは
いつも彼女の近くに。

Case

— 9 —

動物たちと豊かな時間を過ごす日々

Roy Cho
Brienna Hastings

ロイ・チョウさん
ブリエナ・ヘイスティングスさん

山の中腹の一軒家に出会って

ロイさんとブリエナさんが一緒に住むために家を探しはじめたのは2年前のこと。ホノルルを中心にあちこちに物件を見に行った中で見つけたのが、美しい夜景を望めることで有名なタンタラスの丘に近い一軒家でした。

それぞれが海の近くに住んでいたふたり。全く環境の違うマキキという山の中腹へ引っ越したのは、「僕たちはそれぞれ犬と猫を飼っていたから、彼らが安心して暮らせる場所を探していたんです。庭が必要だったし、静かな環境がよかったから」とロイさん。マキキは、ブリエナさんが今年卒業した大学のプロジェクトで、歴史を学んだ土地でもあったといいます。かつてこの一帯はサツマイモ畑だったため、タンタラスの丘にある公園名は「プウ・ウアラカア」。ハワイ語で「転がるサツマイモの丘」なのだそう。

晴天率が高い海辺から、雨が多い地域に引っ越したふたり。緑が艶やかなこの土地の暮らしに馴染んでいました。

築100年の家を自分たちらしく

ふたりが暮らすこの家は築100年。ロイさんとブリエナさんは少しずつ改装を進めています。

「私たちの生活に沿うように、元来とは違う部屋の使い方をしているんです。例えば、この大きな窓から景色を見下ろす部屋はリビングルームでした。でも私たちがとくに大切にしているのが、ふたりで一緒に過ごす食事の時間。それならダイニングテーブルを持ってきて、美景を堪能しながら食事とワインを楽しもう！　と、ここにあったソファを別の部屋に移動させたんです」（ブリエナさん）

ダイニングの主役は、マンゴーの木でつくられたシンプルなダイニングテーブルとイス。ホノルルの店で見つけたふたりのお気に入りです。

このほかも、どのスペースをどのように使うか、2匹の犬と猫が安全にストレスなく暮らせることを考えながら改装している最中といいます。ふたりの人生において、動物たちは欠かせない存在なのです。

「彼らのおかげで、毎日その瞬間を大事に生きることができるんです。彼らは時々とてもいそがしくなっている私をスローダウンさせてくれます。ストレスを感じていたり、悲しいことがあったりしても、まわりで幸せそうにしている犬たちを見ると、彼らの前では落ち込んでばかりいられないなと思って元気になれます。愛がどれほど人生で大切かということを思い出させてくれるんです」（ブリエナさん）

土地の文化と調和した暮らし

ロイさんは南カリフォルニアで育ち、父親がいるハワイへ10年前に引っ越してきました。そして父親と一緒に電気自転車の専門店「Ebikes Hawaii」をオープンさせ、今ではカカアコなどで3店舗を運営しています。そんなロイさんにとって、家は休息の場であり、精神的にも体力的にも自分が充電できるところ。

「オンとオフを切り替えられたらいいんだけど、やはり常にビジネスのこと、従業員たちのことが頭にあってなかなかむずかしいんです。それを癒してくれるのが、ブリエナとの会話だったり、彼女がつくってくれるおいしい食事だったり、音楽を聴いたり、犬や猫たちと戯れたりする時間。そうしていると新たなアイデアが湧いてくるんです。家は自分のベースとなっている場所。そんな家があるハワイが今では僕のホームです」

ブリエナさんもカリフォルニア州出身で、ハワイに移り住んだのは２０１５年。4年間はマウイ島に暮らし、ホテルで働いていました。その後、オアフ島の大学でアートを学ぶためにホノルルへ引っ越したのが4年前のことでした。

「どちらの島も魅力的だけど、全然個性が違うように思います。マウイ島は全体的にテンポがゆっくりしているのに対して、オアフ島は人も多くていろいろな可能性を秘めている場所に感じます。アジアの食材を買えるスーパーマーケットも充実しているから、料理の幅も広がって楽しいんです」

アジア系アメリカ人のふたりは、ハワイが自分たちにとって暮らしやすいと感じる理由に、カリフォルニアとくらべるとアジア系の人の割合が高いこともあげていました。アジアの文化や価値観がほどよく溶け込んでいるのが、日々の生活でも職場でもしっくりくるといいます。

環境と心身を健全に保つ電気自転車の専門店を展開するロイさんは、「家族にも動物たちにもハワイのコミュニティにも、安全で快適で健康的な暮らしを提供できるようになるのが僕の目標です」と語ってくれました。

緑の向こうにホノルルの街と海を望むダイニング。夜景も素晴らしく、いつまでも見ていたくなるという。

1.数年前からのレコードブームで、ふたりもレコードを「ジャケ買い」。マーヴィン・ゲイをかけてくれた。**2.**B.B.キング、アース・ウィンド・アンド・ファイアー、サンタナなどのLPレコードがそろっている。**3.**雨がよく降るマキキエリア。庭の植物も美しくしっとりと潤っている。

4.上品な光沢と色味を持つマンゴーウッドの家具は、ホノルルのインテリアショップで見つけたもの。**5.**愛情をたっぷり受けて安心して暮らしている2匹の犬は、まったく違う性格。ケオはやんちゃで、ジュエルは内気でテーブルの下から出てこない……！

ブリエナさんはハワイアンカルチャーに触れるため、フラを習ったり、レイメイキングを習ったりしてきました。今ではイベントで、レイのつくり方を教えるボランティアをしているといいます。

ハワイでは、祝福や感謝、歓迎などの意味を込めてレイを相手に贈ります。ブリエナさんは、友人の誕生日に花を摘みに行ってレイをつくって贈ることも。大学でアートを専攻していた彼女がつくるレイは芸術的で可憐。細かい作業も「楽しい」と微笑みます。こうしてレイを通して、ブリエナさんは多くの人を幸せな気持ちにしています。

Pick up !

レイメイキング

Lei Making

クラウンフラワーは王冠のようなフォルムをした薄紫色の花。

ブリエナさんがつくったクラウンフラワーのレイ。精巧な技で美しいレイに仕上げている。

レイに添えるバースデーカードも手づくり。絵を描き、日本語にも挑戦！

Tell me about your house

1.間取りは？
3ベッドルーム、2バスルーム

2.築年数は？
約100年

3.この家で何年暮らしている？
約1年

4.購入した理由は？
犬や猫を飼っているので庭が必要だった。いろいろなエリアを見に行ったが、動物たちにとっても自分たちにとってもいちばん快適だと思える家と出会えた。

5.住んでいるエリアはどんなところ？
すぐ近くでハイキングができて、雨が多く静かで、歴史も感じる地域。

6.あなたにとって「家」とは？
家族。安らぎの場。パワーチャージできるところ。パートナーと動物と過ごせ、ストレスから解放される場所（ロイさん）。

社会から離れた聖域。再生できる場所（ブリエナさん）。

7.いちばん長く過ごす部屋は？
目の前の緑と眼下に広がる海を見ながらふたりで食事をとるダイニング。

8.ハワイ暮らしの魅力は？
自分が育ったカリフォルニアにくらべると人も車も少なくてのんびり。父親も近くにいる。アジアの文化も根付いたアイランドライフができる（ロイさん）。

独特の文化があり、アジアの文化（食文化も）が身近にある。そんな中で健康に留意して、自分のペースを守りながらすべてのバランスを整えて暮らせる（ブリエナさん）。

愛さんと結さん姉妹は泳ぐのが大好き。浮き輪を浮かべたプールでいつも遊んでいるそう。

Case

— 10 —

Less is More～少ないほうが豊か

Don Van Deventer
Ayako Van Deventer

ダン・ヴァン・デヴェンターさん
綾子・ヴァン・デヴェンターさん

ようやく見つけた終の住処

ワイキキからほど近い閑静な住宅街カハラエリア。あざやかな緑色の芝生が整えられた一軒家に、4人家族が暮らしています。綾子さんと夫のダンさん、そして中学生の双子の姉妹愛《あい》さんと結《ゆう》さんは、実はこの家に引っ越してきたばかり。もともとすぐ近くに住んでいて、穏やかな雰囲気で治安のよい同じ地域に家を探していました。

1年をかけていくつもの家を見に行っては「何かが違う」と、縁を感じることがなかったといいます。年末が近づいた12月、ついに出会ったのがこの家でした。

「足を踏み入れた瞬間、明るい日差しが差し込んで、通り抜ける風が気持ちよかったんです。夫は70歳を超えているので終の住処になると思い、バリアフリーで安心して過ごせる家が第一条件でした。それが叶ったことに、ここは私たちの家というより、私たちが『管理人』であり、神様から与えられた家なのだと感じています。まだ家具もそろっていないうちから、娘のお友達を呼んでプールで遊んだり、泊まってもらったりして賑やかに過ごしています」（綾子さん）

ようやくつながったご縁への感謝と幸せはみんなで分かち合いたい。そんな家族にとって心地よい暮らしがスタートしたところです。

100年先へと続く家に

何もない広い家に引っ越してきて、まずは家具探しからスタート。ある時、ダンさんがインスタグラムでひと目惚れしたのが、ハワイに暮らす日本人家具職人のサトシ・ヤマウチさんがつくる家具でした。飛騨高山で修業を重ね、コアやモンキーポッドなどのハワイの大木をダイナミックに使い、木の表情をいかしたものづくりをする職人さんです。

はじめに注文したのはダイニングテー

ブル。それは、自然の息吹にあふれ、どっしりとした存在感がありながらも、以前からここにあったかのように、家にも家族にもなじんでいました。

中学生の愛さんと結さん、そして綾子さんがいちばん長く過ごす場所は、キッチンの一角にあるヌックと呼ばれるスペース。朝食などをさっと済ませるための空間で、コーナーに沿ってソファが備え付けられています。ここに置かれたテーブルもヤマウチさんによるもの。

「ふたつのテーブルをつけると長テーブルになるんです。ひとつずつ分けてそれぞれのテーブルとして使うこともできるからとても便利。宿題をしたり、おやつを食べたりする時に、双子たちがケンカになりません」と綾子さんは笑います。

まだ家具がそろっていないリビングでは、子猫のコアちゃんが、キャットタワーとおもちゃで元気に遊んでいます。十分なスペースのある家でありながら、彼らの暮らしのテーマは「Less is More（少ないほうが豊か）」というドイツの建築家の言葉。この言葉がいつも心にあるという綾子さん。

「シンプルで上質なもの、オリジナリティーのあるものを、次の世代、100年先まで残したいと思って、ひとつずつ大切に選んでいます。夫とは歳の差が19歳あるのですが、私も双子たちを出産したのは高齢になってからなので、常に彼女たちの今後のことを考えています」

庭のプールのまわりに敷き詰められたレンガは、1955年にホノルルのチャイナタウンで大規模な工事が行われた際、不要になったレンガをもらってきたものなのだそう。キッチンとリビングのフローリングもこの家が建てられた時のまま。時代を超えて受け継がれていくサステナブルな家であることも家族にとって大事なこと。よいものを大切に、ものを持ちすぎず、シンプルに。「Less is More」のていねいな暮らしが営まれています。

愛する人と暮らす喜び

カリフォルニア州出身のダンさんは、若い時にハワイを訪れて以来、いつか住みたいと思いを馳せていました。

「でもきっとこの穏やかでのんびりしたハワイは永遠ではない。変わっていってしまうだろうと思っていました。ところが1997年に再訪した時、ハワイは昔と変わっていませんでした。それで引っ越すことを決意したんです」

日本から移住した綾子さんにとっても、ハワイはアメリカでも日本でもなく、多種多様な文化が混ざって「みんな違っていい」という地盤があるから住み心地がよいと感じているといいます。

そんなハワイに安住の地を見つけた家族。ダンさんは最後にひと言、「家はもちろんだけど、愛している人と一緒に暮らすことが、私にとってはいちばん幸せです」と、家族を見つめながらつぶやきました。

木のぬくもりが心地いいダイニングテーブルを囲み、家族団欒のひと時。
大好物のチーズケーキを頬張るダンさんを、みんなが笑顔で見守っている。

いいにおいに誘われて、ごはんを待ちきれずにお母さんの元にやってきた子猫のコアちゃん。

双子の愛さんと結さんは、やさしくて時にはきびしく育ててくれるお母さんが大好き。

プールサイドにあるバーで冷えたワインを飲む時間が、ダンさんの至福の時。

1.軽食を取ったり、宿題をしたり、学校での出来事をお母さんに話したりするのはいつもヌックで。**2.**「自然にあるよりもより自然に見えるように生ける」という池坊の自由花のスタイルで、綾子さんが生けた花。**3.**リビングに最初に置いたのはコアちゃんのおもちゃやキャットタワー。

Lessons

Pick up !
心を育む習い事

双子の習い事のはじまりは生後1か月の水泳教室でした。海に囲まれたこの島では必須のスキルだと思ったからだそう。2歳からは音楽教室に。その後もバレエ、そろばん教室、裏千家茶道、柔道、テニスに日本語教室などを体験したふたり。中学2年となった今、愛さんはチアリーダー、フラ、ピアノを、結さんはテニス、バイオリンを自ら選んで続けています。

「習い事を通して、何かを継続することのきびしさ、同時にそこから生まれる喜び、達成感によって、生きる強さや柔軟な心を培ってほしい」

ダンさんと綾子さんの願いです。

選択肢を多く持てるようにと、5歳で一緒に裏千家茶道もはじめた。

愛さんはピアノを5歳でスタートし、今も継続している。

結さんは9歳でバイオリンをはじめ、学内のオーケストラグループに所属している。

Tell me about your house

1.間取りは？
4ベッドルーム、3バスルーム

2.築年数は？
約70年

3.この家で何年暮らしている？
1年未満

4.購入した理由は？
以前住んでいた家が借地権付きで（※ハワイでは一般的）期間終了が迫っていたため、新たな家を探すことに。見つからないまま冬休みに家族で日本を訪れていた時に、不動産屋さんからの連絡で今の家と出会った。ビデオで見た時から「この家で暮らすことになる」と確信し、ハワイに戻って直接見に行き想像通り快適な家だったのでそのまま確定した。

5.住んでいるエリアはどんなところ？
平和で静か。リタイヤした高齢の人も多く、ゆっくりと犬の散歩をする人も多い。

6.あなたにとって「家」とは？
疲れた心身を癒してくれる場所。

7.いちばん長く過ごす部屋は？
キッチンの端っこのコーナー、ヌック。私（綾子さん）がキッチンにいると双子の愛と結がここに座って話しかけてきたり、どちらかがケンカの理由を訴えに来たりして、気づくと3人で座ってお喋りしている。

8.ハワイ暮らしの魅力は？
穏やかな気候が穏やかな心をつくってくれる。体にもやさしい。100%アメリカでもなく、日本でもない、ミックスカルチャーが暮らしやすい。

ジェノアさんが二世帯住宅に
改築する際にこだわった、広くて使い勝手のよいキッチン。

Case

― 11 ―

家族がいるから毎日が輝く

Shawn Murphy
Genoa Murphy

ショーン・マーフィーさん
ジェノア・マーフィーさん

すべては母から子への贈りもの

二世帯住宅の2階に暮らしている妻のジェノアさんと夫のショーンさん、そして3人の息子さんたち。1階に住むリタイヤした両親とは対照的に、日々走りまわっている5人家族です。

ハワイには広範囲をカバーする鉄道網がなく、バスはあまり時刻表通りの運行ではないので、多くの親が子どもたちの送り迎えをします。学校への往復に加えて、それぞれの習い事へ。ジェノアさんは「ほぼ毎日オアフ島を一周するほどドライブしているわ」と笑います。高校生の長男カイソンくんはサーフィンやボディボードとレスリング、中学生の次男ニクソンくんは野球。小学校に入ったばかりの三男オーウェンくんも野球をはじめたところ。長男と三男の学校は地元のカネオヘ、次男が通う中学校は山を越えて行くカイムキにあります。ジェノアさんは毎日それぞれの学校への送り迎えに加えて、放課後はハワイカイやカイルア、ワイピオにある野球場やレスリングクラブ、時にはビーチへと車を走らせます。

その合間に向かうのは、今彼女が熱中しているピックルボールのコート。「体を動かして汗を流して、友人たちとジョークをいいながら笑って過ごす、欠かせない時間なんです。ゲームの時間も短いから私にぴったり！」

帰宅後は、食べ盛りの3兄弟のごはんをつくり、大量の洗濯を済ませ、掃除をするジェノアさん。家の中は、男の子3人が暮らしているとは思えないほど片付いています。「子どもの頃から彼女は動いているか、眠っているかのどっちか」と姉にもいわれるというジェノアさんに、夜勤もあって不規則な仕事を持つ夫のショーンさんは「もう少し休んでね。君はリラックスすることを知らないから……」と心配しながらも、「彼女は本当に素晴らしいよ」とそのスーパーウーマンぶりを称えていました。

ジェノアさんは「ストレス？ 感じないです。だって、子どもたちのために今親として私ができるプレゼントだと思うから。私自身が、毎日そのすべてを楽しんでいるんです」と、さらりと答えてくれました。

安らぎの場はアーシーカラーに

ジェノアさんが一日を終えて、ひと息つくのは夜遅く。リビングのソファでテレビを付けた瞬間に眠ってしまうことも多いといいます。

「ショーンは不規則な勤務シフトなので起こしてしまいたくないんです。だからそのままソファで寝ることもあるんですが、このソファは寝心地がよくて、三男のオーウェンも私と一緒にここで寝るのが好きなんです」

壁に掛けられている「FEELS GOOD TO BE HOME」と書かれたサインボードは、「家がやっぱり安らげるね」という彼女のメッセージのように見えます。

「家は家族でリラックスできるプライベートな場所。明る過ぎる色使いは落ち着かなくて……。アーシーカラーが好きなんです」とジェノアさん。インテリアのテーマは「ハワイアンシック」。リビング、キッチン、ラナイは、白やベージュ、グレーを基調にしながら、ウッディな素材が使われています。ハワイの伝統工芸ラウハラ編みの帽子も小粋に飾られ、ハワイの文化に対する誇りが垣間見えました。

お母さんゆずりで料理上手なジェノアさんは、息子さんたちのチームで持ち寄りパーティーがあると毎回違う一品をつくって持って行くといいます。近くに住む姉妹とおすすめのレシピをシェアしたり、自分のアイデアを入れてつくったり、新しい料理に挑戦するのも好きなのだとか。「母の手書きのレシピがあってね。それは私が引き継ぐことになってるの」とうれしそうに話してくれました。

雄大な自然に溶け込むラナイ

ジェノアさんとショーンさんは、休日のひと時を、ラナイでくつろぐことも多いといいます。「景色がすごくいいの！」という通り、その後ろにはコオラウ山脈が、空からかかる巨大なカーテンのようにそびえ立っています。山からの涼しい風が吹き下りてくるこのラナイは、エネルギッシュな家族がクールダウンするのに最適な空間です。小さなグリーンをテーブルに置いたり、ハンギングポットを下げたり、ラナイを縁取るようにつらイルミネーションを付けたり、家族で心地よく過ごすための工夫も欠かしません。

自分が生まれ育った家を改装した二世帯住宅で、家族にとって快適な「マイホーム」をつくり上げているジェノアさん。朝から晩まで走りまわる彼女は、暮らしの中に楽しみやときめきを見つけて輝いていました。

1.コオラウ山脈の圧倒的な存在感に魅せられるラナイは、夫婦がリラックスできる場所のひとつ。**2.**部屋のコーナーにあるソファは休息の場。座り心地も寝心地もよく、ベッドになることも多い。

1

2

3

1.観葉植物とイルミネーションで彩ったラナイの一角。手軽なカセットコンロで食事を楽しむことも。2.ダイニングの壁に飾った家族写真、ラウハラ編みの帽子、「FEELS GOOD TO BE HOME」と書かれたサインボード。3.挙式後に、「JUST MARRIED」と掲げサーフボードを乗せたピックアップトラックで出発！ 夫婦にとって宝物の1枚。

5

4

4.カネオヘならではの涼しい風が山から吹き下りるラナイは、クールダウンできる空間。5.まるで新婚のカップルのように初々しく仲睦まじいジェノアさんとやんちゃなショーンさん。

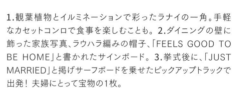

3姉妹のジェノアさんですが、自分の子どもたちは全員男の子。家の中はいつも賑やかです。好きなことを制限なしにさせて育てたいとジェノアさんがいう通り、長男のカイソンくんは小さい頃から海が大好きで、水泳、サーフィン、ボディボード、釣りなどを楽しみ、海の中で育ったといっても過言ではないほど。次男のニクソンくんは生まれた時は小さくて手術も経験したけれど、今では抜群の運動神経で活躍する野球選手に。甘えん坊の三男オーウェンくんはお兄ちゃんたちに揉まれていつも泣きながらもたくましく、たっぷり愛情を受けて育っています。

Pick up !

元気弾ける3兄弟

性格も嗜好も違う3兄弟。長男のカイソンくん、次男のニクソンくん、三男のオーウェンくん。

Three brothers

大事なイベント、クリスマスにおそろいのサンタソックスを履いた3人。

自宅のガレージ前は子どもたちの遊び場。近所の子も混ざっていつも大騒ぎ。

Tell me about your house

1.間取りは？
3ベッドルーム、2バスルーム

2.築年数は？
55年

3.この家で何年暮らしている？
生まれてからずっと。

4.入手した理由は？
自分が生まれ育った家を二世帯住宅に改築した。

5.住んでいるエリアはどんなところ？
涼しくて海も山も近い。夫ショーンの実家も同じ地域にあり家族で安心して暮らせる。

6.あなたにとって「家」とは？
家族を意味する。プライベートな空間。

7.いちばん長く過ごす部屋は？
家にあまりいないけれど、料理をして後片付けをするキッチンと、リラックスしてテレビを見るリビングルーム。

8.ハワイ暮らしの魅力は？
両親や姉妹を含め、私たちは強く結ばれている家族なので、いつも集まることができて、祝日や誕生日を全員で祝えるのは故郷であるハワイだから。ハワイ以外で暮らすなんて考えられないほど魅力的。

カネオへ湾を見下ろす庭で作業をするのが好きだというジュリーさん。緑と花と池が庭を彩っている。

Case
— 12 —

一家団欒が奏でる笑顔の時間

Michael Park
Julie Park

マイケル・パークさん
ジュリー・パークさん

帰郷して沁みたハワイの文化

ジュリーさんはアメリカ本土生まれ。両親はハワイ出身でしたが、父親がアメリカ空軍に所属していたため異動が多く、彼女はイリノイ州やコロラド州で育ちました。ハワイに家族で戻ったのは12歳の時。アメリカで重要なイベントであるサンクスギビングデーやクリスマスの日、誕生日に、祖父母や親戚全員で集まって過ごしたことがとてもうれしかったといいます。

「その時、ハワイは家族の結びつきを大事にする文化があることを実感したんです。素晴らしいことだと思いました」

ジュリーさんはそれ以降、現在に至るまで、大切な日は家族で過ごすことを何よりも大事にしてきました。

家は家族がつながる場所

ジュリーさんと夫のマイケルさんが今の家を買ったのは1994年のこと。

「決め手は、マスターベッドルームが1階で、子ども部屋が2階にあったから。長男がやんちゃ坊主でね。私たちも夜ぐらいはゆっくり休めると思ったんです」と話してくれました。「ところが、ある時長女の悲鳴と同時に2階の窓から長男が落ちてきたんです。驚きましたよ」と、今は笑っていう肝っ玉母さん。

当時、勢いあまって2階から転げ落ちた長男のジェイソンさん、そして長女のジョディさんと次男のジェンセンさんもすでに成人していますが、毎月2回は実家に戻り家族全員で食卓を囲みます。この日も彼らがやって来ました。「特別なことを話すわけではないんです。最近あったことやいろいろな話をシェアしながら、笑ったりしてね」とジュリーさんがいう通り、食事の間、家族に笑顔が絶えることはありませんでした。

家族で食事をするのはパティオ。風が心地よい高台に建つ家の中でも、カネオへ湾を一望できる特等席です。

「ここから両親の家も見えるんです。それを見ているだけでも落ち着きます」

ジュリーさんはほぼ毎日、90歳を超えた両親の顔を見に行っています。

「ふたりをここに連れて来ることもあるんですよ。近くにカネオへ米軍基地があるでしょう？ 父はエアフォース（空軍）だったから、パティオに座って航空機が飛ぶのを眺めるのが好きなんです」

家族がつながっていてお互いを助け合うこと。それが人生でいちばん大切だと話してくれました。

「好き」をとことん楽しむ

ダイニングに置かれたコレクションボードの中には、ジュリーさんが子どもの頃から集めてきた馬のグッズと石が納められています。石を集めはじめたのは、父親が仕事でさまざまな地へ行くたびに石を持ち帰って来てくれたから。年代がメモされているそれは、彼女にとって父親がいつどこで活躍していたのかを刻んだ誇りなのかもしれません。そしてもうひとつ、彼女が大事にしているのが日本人形。日本から移住してきた祖母から譲り受けたもので、「ハワイで家を持てたことがありがたい」と日本語でしたためた手紙も添えてありました。

「趣味？ 庭仕事かしら。大変だけど、涼しくて風が気持ちいい場所で土をさわっているのが心地いいんです。手をかけた分、植物が元気に育っていくのがうれしくてね」

庭には、ハワイ固有種のティーリーフなどの植物や花々がきれいに並び、池には魚が泳いでいました。

物静かなマイケルさんは、名門私立校で数学を教えています。仕事が好きで長年休まずに働いてきた、学校でも人気の先生です。結婚40年のジュリーさんとマイケルさんの共通の趣味はテニスと音楽。地元の仲間とテニスチームをつくり、近所の公園内のコートに行ってはテニスをしています。上級レベルのふたりは、公式戦で勝ち進んでアメリカ本土の大会に出場することもしばしば。チームのキャプテンを務めるジュリーさんは「勝敗も大事だけど何より楽しむこと。だから私たちのチームは明るくていつもみんな笑顔なんです」と微笑みます。マイケルさんは「ハワイは一年を通して天気に恵まれているから、いつでもスポーツができて最高です」といい、学校での仕事と趣味のメリハリのある生活をしています。

リビングルームにあるピアノも、この一家には欠かせません。リクエストにこころよく応えてアメリカンポップスを軽快に弾いてくれたマイケルさん。かつてピアノを教えていたジュリーさんは階段に座ってハミングをしています。犬のタヌキとコーダがかけまわり、ソファでは長女のジョディさんがくつろいでいる……。家族が奏でる旋律は心にあたたかな余韻を残してくれました。

1.昨年改装を終えたキッチン。つくっている人が孤立しないようにオープンにしたかったそう。2.毎年友人を招くクリスマス会でもマイケルさんがピアノを弾き、ジュリーさんが階段に座って歌うのがお決まりの光景。

1.アイランドカウンターで作業するジュリーさんに話しかける長男のジェイソンさん。2.高台に建つため1階のパティオからカネオへ湾を望める。家族全員が集まって食事をするのがここ。

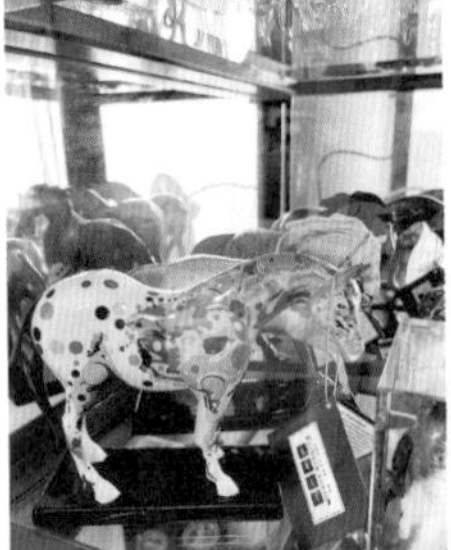

3.ジュリーさんの母親と長女のジョディさんが庭で背中合わせに座り、母親は海を、ジョディさんは山を描いたという絵が廊下に。4.ジュリーさんの父親が空軍の仕事先から持ち帰ってきた石。1960年代のものなどがある。5.馬のグッズも多数集めて飾っているジュリーさん。乗馬もしていたそう。

地元カネオヘをホームグラウンドとして、友人とチームをつくりテニスを楽しんできたジュリーさんとマイケルさん。その年月は約40年といいます。公営の公園内にあるテニスコートを無料で誰でも使えるハワイの環境が、長く続けられてきた理由のひとつかもしれません。

3人の子どもを出産したジュリーさんは、「下のふたりが生まれる時公式戦と重なったので、お腹が大きくてもテニスをしていたわ」と笑い、チームの人たちも「そう、懐かしい！」と昔話に花がさいていました。テニスの楽しさは、生涯の仲間と過ごす時間にもあるようです。

Pick up !

テニス人生あっぱれ！

Tennis!

コオラウ山脈が後ろにそびえるテニスコートが彼らのホーム。

夫婦でミックスダブルスの試合をすることも多く、息のあったプレイをするふたり。

Tell me about your house

1.間取りは？
4ベッドルーム、2.5バスルーム

2.築年数は？
42年

3.この家で何年暮らしている？
29年

4.購入した理由は？
両親の家の近くで探し、家族構成的にもいい間取りだったので決めた。庭の木を整えたら景色がいいことに気づき正解だった！

5.住んでいるエリアはどんなところ？
住宅街で、近所はみんないい人。家の前の道は行き止まりなので、安心して子どもたちを遊ばせられた。両隣の人と庭越しに立ち話をするような付き合いができる地域。

6.あなたにとって「家」とは？
家族が集まる憩いの場（ジュリーさん）。

仕事から帰ってリラックスする場所（マイケルさん）。

7.いちばん長く過ごす部屋は？
子どもが小さい頃は食事の準備をすることが多くキッチンだったが、今は庭仕事をするので庭か、リビングルーム。夫のマイケルが常にテレビを見ているのでそこへ行って話をする（ジュリーさん）。

テレビを見るのが好きなのでリビングルーム（マイケルさん）。

8.ハワイ暮らしの魅力は？
家族や親戚がいるので、ホリデーシーズン（サンクスギビングデーやクリスマスシーズン）など大事な時期に必ず一緒に過ごせる（ジュリーさん）。

気候がよくて一年中アウトドアで遊ぶことができる（マイケルさん）。

ソファの柄も後ろの絵も桜。日本の春がイマナカ家のキッチンを彩っている。

Case

— 13 —

100年の歴史を刻む家を住み継ぐ

Mitchell Imanaka
Marie Imanaka

ミッチェル・イマナカさん
マリー・イマナカさん

伝統と進化が共存する家

結婚当初は、コンドミニアムに暮らしていたマリーさんとミッチェルさん夫妻。景色のよい山でドライブをしていて見つけたのが、今の家。それは1922年に建てられた平屋でした。ふたりは歴史深い趣を感じるこの家を購入し、1990年に1回目の大改装を決意。家を丸ごと持ち上げて、新たに1階部分をつくり2階建てにしました。この時の様子は大切にアルバムに収めてあるといいます。

そして昨年から今年にかけて、デザイナーに依頼し、2回目となる大きなリノベーションを行いました。

「以前の家はクラシカルなハワイがテーマで、次は日本のテイストを取り入れたいと思っていたんです」とマリーさんはいいます。

これまで数えきれないほど日本を訪れた夫妻は、日本で目にして「いい！」と思ったアイデアを、新しい家の至るところにいかしました。デザインから機能性まで実によく観察し、バスルームの排水も、見た目が美しく水はけがよい日本のホテルの様式を取り入れました。

改装の際にふたりが大切にしたのは、歴史と伝統を残すこと。リビングルームの床材は以前のままに。

「古いものが持つ個性をいかしながら新しいものを混ぜていきたいと思ったんです」とミッチェルさん。

キッチンは、料理が得意なマリーさんが長く時間を過ごす部屋。掃除がしやすく傷つきにくい素材を使ったり、収納スペースを可能な限り多くしたり、彼女らしい工夫が詰まっています。コーナーに設けられた桜柄のソファは、ミッチェルさんが朝食の時に座る場所。後ろにある大きな桜の絵と共に、キッチンの雰囲気をなごませていました。花が好きなふたりは、「日本の春を感じたい」と、迷わず桜を選んだそう。自然光が差し込むキッチンの左右の窓からは、日本庭園をイメージして庭に置いた灯篭とトロピカルなアンスリウムの花が見えます。マリーさんは「この窓から外の新鮮な空気が入ってきて、庭の噴水の音を聞きながら料理をするのが好き」といいます。

ファミリールームでは、大きなコアウッドのタンスが存在感を放っています。かつてハワイ王朝で王族が調度品にも使っていたというコアは、ハワイで稀有な存在。取っ手に和ダンスの飾り金具を合わせたこのタンスは、ハワイと日本のコラボレーションとしてオーダーしたものでした。タンスの上の段に飾られているのはコウボウル。コウは「カヌープランツ」といって、古代ポリネシアから人々がハワイに渡った時にカヌーに乗せてきた植物。この部屋にはハワイの歴史が息づいていました。

部屋の深みを増す旅の思い出

どこもかも整理整頓され、家全体がスッキリしているイマナカ家。だからこそ各部屋のシェルフやタンスに飾られた置物が引き立っています。

キッチンの棚にある木製の人形は、独立したふたりの息子さんを含め一家をモデルに彫ってもらったもの。ダイニングルームのシェルフには、日本や中国、韓国など、旅先での思い出に買い足してきたお土産が置かれています。その一つひとつが、訪れた国の文化や歴史を映し出し、部屋に深みを加えていました。

家全体からインテリアのことまで、その経緯やストーリーをていねいに伝えてくれるふたりから、大事に育んできたこの家への想いがあふれていました。

静と動のある生活

遠く海を見下ろす広い庭も、ふたりにとって心がなごむ空間です。ミッチェルさんの楽しみは、庭に咲く花々の手入れをすること。アンスリウム、プルメリア、オーキッド、アザレア、ヘリコニアなど何種類もの花が季節ごとに庭を彩るのだそうです。

一方、マリーさんは、家で料理や裁縫を楽しむほか、ヨガやピックルボール、テニスに出かけることも多いとか。さらに、夫婦一緒にゴルフに行ったり、ジムでトレーナーによるトレーニングを受けたりしています。

仕事もしながら、多様な趣味を持つふたりのスケジュールは1週間びっしり。家の中はそんなせわしさとはかけ離れた静けさが漂い、軸を持ちながら穏やかに生きる彼らの人間性を投影しているようでした。家はふたりにとって「サンクチュアリ」だといいます。

「外から守られた安息の場で、鳥のさえずり、風にそよぐ木々の音、雨の音を聞いていると、心身ともに満たされてまたスタートを切ることができるんです」

ミッチェルさんの言葉に、マリーさんもそっとうなずいていました。

1.広い庭とラナイからは、山の中腹ならではの美景が広がり、遠くに海を見渡すことができる。**2.**デザイン性と機能性を備えたキッチンは、ハワイのリモデル専門誌にも大きく取り上げられた。

1.あえて文化をミックスさせたという日本庭園とハワイらしいアンスリウムが窓から見える。2.着物の帯をテーブルセンターとして敷き、鶴の絵を掲げるなど、アジアを意識したダイニングルーム。

3.ハワイ固有種のコアと和ダンスの取っ手を合わせ、日本とハワイを融合させた特注のタンス。4.バスルームのタイルは扇子をモチーフに削ったもの。切子の工芸品のように繊細な仕上がり。

5.ソファの上のクッションカバーは、裁縫が好きというマリーさんが刺繍を施した。6.「いつも近くに」と改装前もキッチンに置いていた木製の人形は、イマナカ一家を彫ったもの。

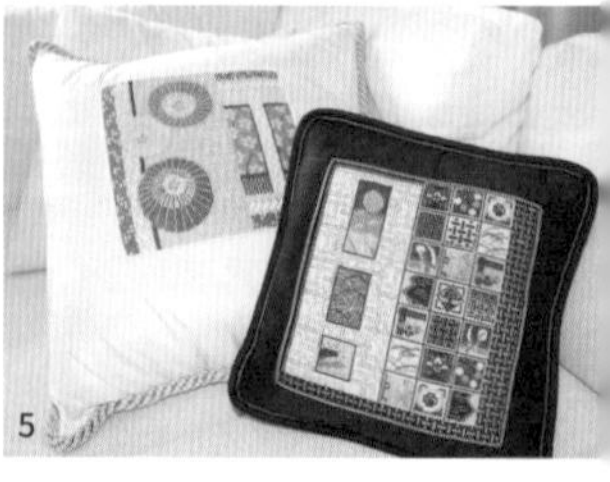

Pick up !

フットワークを軽く！

Active Life

マリーさんは週に2〜3回はエアリアルヨガ、ピックルボール、パーソナルトレーニングへ、1回はゴルフへ行きます。さらにテニスをすることも。裁縫や料理も好きで、うどんを打ったり、カレーをつくったりと、日本の料理のレパートリーも幅広く、愛用書は日本人料理家のレシピ本なのだとか。

　仕事も持ち、愛犬ポムちゃんの世話もする彼女のタイムマネジメントのコツは、優先順位を決め、時間を守ること。「そして楽しむこと！」と教えてくれました。

ハンモックを使用するエアリアルヨガは、無理なくポーズをとれて楽しいというマリーさん。

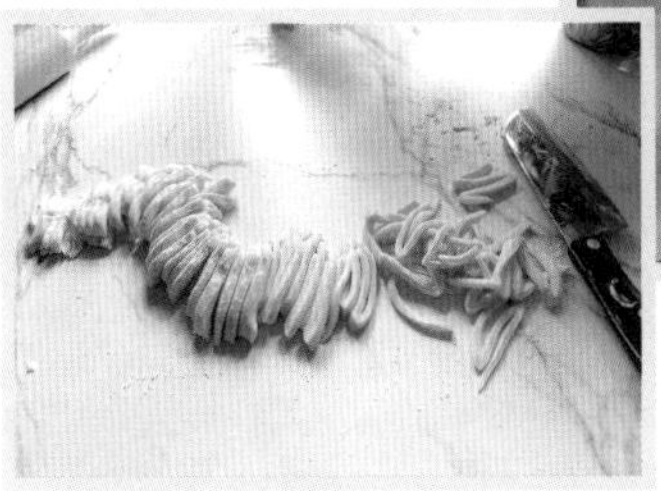

外でエクササイズをして帰宅後は料理。手打ちうどんは家族も好きな料理のひとつ。

Tell me about your house

1.間取りは？
3ベッドルーム、3バスルーム

2.築年数は？
101年

3.この家で何年暮らしている？
37年

4.購入した理由は？
コンドミニアムから一軒家に住みかえたいと思い、景色のよい場所を探すために地図を見ながら山の上に向かってドライブをしたところ、絶景を見下ろすロケーションに見つけた。このエリアの雰囲気や家の佇まいが自分たちに合っていたので購入した。

5.住んでいるエリアはどんなところ？
近所はみんなよい人で高齢者が多い。家のまわりをのんびり散歩している人もいる静かな地域。

6.あなたにとって「家」とは？
休める場所。静寂に包まれ、安全で守られた聖域であり、自分が再生できるところ。

7.いちばん長く過ごす部屋は？
パンを焼いたり料理をつくったりするのでキッチン（マリーさん）。

リビングでゆっくりリラックスするか、庭で花の手入れをしている（ミッチェルさん）。

8.ハワイ暮らしの魅力は？
4歳の時にアメリカ本土から引っ越して育ったハワイはホーム。アメリカの中でも安全で人も天気もよいところでの生活は魅力（マリーさん）。

空気も水も人もよくて、快適であること（ミッチェルさん）。

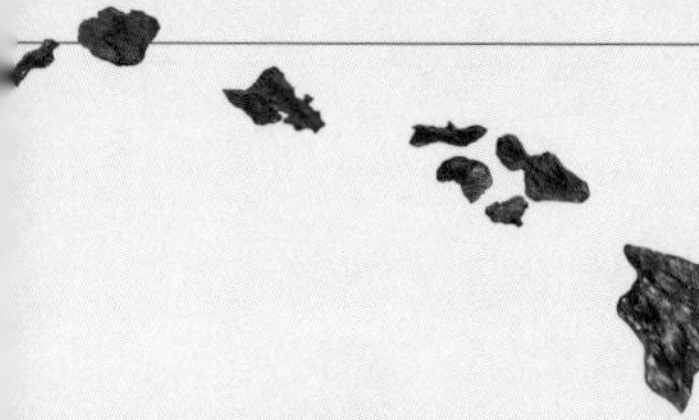

ハワイの王族も愛した
コアウッドの工房へ

　今回のインタビューで訪れた多くの家に、コアウッドを使った家具や雑貨がおいてありました。コアウッドは世界中でハワイ諸島だけに生息するハワイ固有の木です。古来、神が宿る木と崇められ、ハワイ王国時代には王族のみがその調度品を使うことが許されていました。

　琥珀色に輝き、独特の存在感を放つコアウッドは、ハワイの伝統と文化を尊重する住民に愛され、ハワイを訪れる旅人をも魅了しています。

技術と道具と職人魂を継ぐ

　グレッグ・イーブズさんは、30年以上にわたりコア作品をつくり続けているクラフトマンです。コア製品の老舗ブランド「マーティン&マッカーサー」の熟練職人としても知られ、家具や装飾品、置物や小物などをホノルルの工房でつくっています。

　オアフ島で生まれ、ハワイ島で育ったグレッグさん。そのクラフトマンの歴史は、曽祖父からはじまっています。1853年、彼の曽祖父は15歳の時にハワイの名匠とされる家具職人に師事しました。その技術は1873年の万国博覧会で認められ、1882年にハワイ王国7代目のカラカウア王の命により建てられたイオラニ宮殿では、コアの階段を制作するという任務を授かりました。その階段は、今も大広間の中心で静かな重厚感を放っています。

　グレッグさんの祖父、父親、そしてグレッグさんへと、4代にわたり匠の技とクラフトマンシップは受け継がれてきました。グレッグさんは、曽祖父から引き継いだ道具も大事に使い続けています。

コアの個性を最大限引き出して

　山の上にあるグレッグさんの工房には、コアを中心に、ミロ、カマニ、マンゴー、メープル、オーク、チークなどの

1.カヌーの置物や、コレクターに人気のトランプゲーム「クリベッジ」の得点ボード（写真左手前）。2.4代目クラフトマンであるグレッグ・イーブズさん。家具から精巧なカヌーの置物まで、その技術は幅広い。

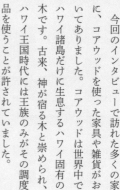

Kalai Koa Woods

ハワイ8島をかたどったコア製ハワイアンアイランズの壁かけ。地形の凹凸も立体的に表現している。

材木が置かれています。生息数が少ないコアは伐採が制限されている希少な木。グレッグさんによると、ハワイ島のマウナケアなどに原生林があるほか、オアフ島にも生育していますが、パンデミック後は一段と入手がむずかしくなったといいます。

　コアの魅力は豊かな個性にあります。黄金色の輝きやダークチョコレートのような深みを見せ、その木目は虎杢模様やカールを描いたような波模様など表情豊か。グレッグさんは、そんなコアの特長を最大限に引き出すことを考えて作業台に向かいます。硬度の高いコアウッドをていねいにカットして形をつくり、表面を磨き上げてオイルを塗ります。乾くのを待って余分なオイルを拭き取ってさらに磨くという工程を繰り返し、天然木の造形美ともいえる作品をひとつずつ完成させます。

　使うほどに光沢と深みを増すコアウッド。つくり手の技と魂が受け継がれるように、その作品もハワイの伝統と文化のひとつとして、それを手にした人の元で親から子へと継がれていきます。

カヌーパドル。コアとマンゴーの木を組み合わせて色味や木目をいかしたベストセラー。

Information

グレッグさんの作品は、「Martin & MacArthur」各店舗や「Nohea Gallery」で購入できます。また、直販のオンラインショップ「Kalai Koa Woods」ではお得な価格で手に入ります。ただし送料が高額になるため、事前にホームページから問い合わせて確認を。ホームページで注文後、ホノルルの工房で商品をピックアップすることもできます。

Martin & MacArthur
https://www.martinandmacarthur.com

Nohea Gallery
https://noheagallery.com

Kalai Koa Woods
https://www.kalaikoawoods.com

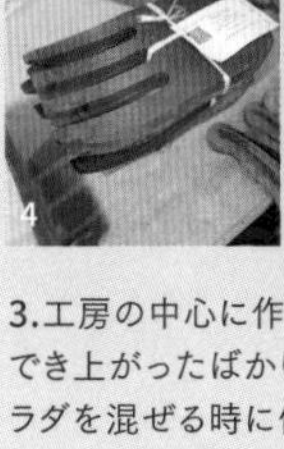

3.工房の中心に作業台があり、そのまわりに材木や機材、でき上がったばかりの作品が所狭しと並んでいる。4.サラダを混ぜる時に使用するコア製サラダフィンガー。パーティーの時にも映える一品。

甘い香りが漂うプアケニケニの木の下で、愛犬ダイヤモンドとくつろぐデブラさん。

Case
— 14 —

誰かを思いやることが自分の幸せ

Debra Shin

デブラ・シンさん

夢の一軒家での思い出

47年間看護師としてハワイの病院に勤務していたデブラさん。結婚当初にアロハスタジアム近くの新築のタウンハウスを購入して、21年間住んでいました。今の家に引っ越したのは2006年。

「一軒家を買うのが私たちの夢でした。このあたりの雰囲気はとてもいいけれど手が届かないと思って、もっと郊外で探していたんです。そんな時に偶然、知人がこの物件を教えてくれて、思いきってローンを組んだんですよ」

デブラさんが暮らすのは、幹線道路から少しはずれた静かな住宅地。緑のカーペットのような芝生の庭を持つ一戸建てが並んでいます。

「実はね、小さな頃に父が私たちを連れてドライブをした時にこの近くを通ったことがあるんです。素敵なところだなぁって子どもながらに思っていたの」

縁と運がつながり、あこがれの地にマイホームを持つことができたデブラさん。すぐ後ろに悠々とした山を望み、鳥のさえずりが聞こえ、のどかな空気がこの土地を包みこんでいます。庭の大きな木の下に座って愛犬のダイヤモンドを撫でながら、「この木はね、プアケニケニという甘い香りの花を咲かせるの。レイにすることでも有名ですね。この花の色は、咲きはじめは白くて日がたつごとにオレンジ色に色づいていくんです」

デブラさんは、淡いオレンジ色になったプアケニケニを指差しながら教えてくれました。もうひとつの大事な木は、庭の反対側にあるアボカドの木。

「バターのようにねっとりクリーミーでおいしいの！ あんなに高い木だから収穫するのは大変なんですけどね」

この庭で、2匹の犬たちが走りまわったり、木にぶら下げたタイヤに乗って孫たちが遊んだりするといいます。

家の中でいちばん好きな場所はキッチンで、「子どもたちが小さい頃はいろいろな料理をつくりました。私たちの郷土料理であるフィリピン料理が多かったかな。家族の誰かが風邪をひいたら、ハワイではお決まりのチキンと春雨を煮込んだチキンロングライス。ほかに魚を蒸した中華料理、プライムリブなどのアメリカン料理、お正月は天ぷらやお煮しめもつくっていたんですよ！」と、懐かしそうに話してくれました。

オンとオフは玄関で切り替える

仕事をしていた時は、職場から家に帰れば家族の食事をつくって掃除をして、よい母とよい妻でいることに努めていたというデブラさん。大切にしてきたのは、心と体の健康と信仰をバランスよく保つことでした。

「そのために大事なのは家に仕事を持ち込まないこと。看護師という職業柄、本当にたくさんのことがありました。悲しいこともね。後半は低所得の方たちの保険のお世話もさせていただいて、彼らを少しでも助けられることが喜びでした。でも、仕事先でのことを家に持ち込んでしまうと家族も自分も大変になると感じていたから、毎日玄関を開けた瞬間に切り替えるようにしていたんです」

家では仕事の話をしなかったといいますが、娘さんたちは母親の背中を見ていたようです。長女のローレンさんと次女のリンジーさんは、今、看護師としてハワイの病院に勤務しています。

そして彼女が大事にしているのが、ダイニングに飾ってあるダイアナ・ハンセン・ヤングによる「ＨＯＰＥ」と書かれた絵。

「この絵は、子どもがほしいと思っていた私に友人がプレゼントしてくれたもの。不思議なことにその後すぐに長女を授かりました。5年後に次女も生まれ、この絵のように女の子ふたりになったんです。もう色褪せてしまって古いけれどずっと飾っています」

愛と勇気を持って前へ進む

デブラさんは、日々の生活で誰かを助けることができた時に幸せを感じるといいます。

「家族、友達、全く知らない人でも、誰であってもね。どうやったらもっと人にやさしくなれるか、役に立てるかを学び続けています」

この数年間は90代の母親を自宅に呼び寄せ、どこへでも一緒に連れて行っていたデブラさん。今年、その最愛の母親を亡くし、悔いはないと受け止められるのは、これ以上ないほど献身的に介助をしたからにほかなりません。いつも彼女の心にある言葉は、愛と勇気。

「苦難にあっても恐れずに進むために必要でしょう？ むずかしいこともあるけれど、なるべくシンプルに生きるようにしています。どんな時も自分が今どこにいるかを考えて、その時々の優先順位を上から3つ決めるんです。それだけよ！」

デブラさんと、下の階で暮らす次女のリンジーさん。2階の玄関前にあるベンチで。

1.「今は簡単な料理しかしないけれど、昔は家族にたっぷり食事をつくっていたわ」と笑っていたデブラさん。2.デブラさんの母親は、ダイニングテーブルから庭を眺めるのが好きだったそう。

3.デブラさんの母親が育てていたランや盆栽。今はデブラさんが世話をしている。4.アーティストのダイアナ・ハンセン・ヤングによる絵。まもなくしてこの絵のような娘を授かった。5.娘からの感謝の言葉と、デブラさんが大事にしている言葉「愛・喜び・忍耐」などが綴られたパネル。

自宅からそれほど遠くない距離に暮らしている長女の孫たちと過ごす時間も多いデブラさん。お決まりのコースのひとつがハイキングです。「ハワイの自然、文化、歴史を肌で感じて育ってほしい」とデブラさんはいいます。自然だけでなく歴史に触れる機会もあるオアフ島のハイキング。各所で目にするピルボックスは、戦時中に使われていたコンクリート製のトーチカ（防御陣地）で、敵を見張るため見渡しのよい場所につくられています。現在ではそこから望める絶景を求めて、ハイカーたちが集まります。デブラさんたちもピルボックスを目指して出発！

Pick up !

孫たちとハイキング

孫のドミニクくんとゾエちゃんと一緒に、ワイアナエ山脈ハイキング！

Hiking

天使の羽の前で、孫が撮ってくれたという1枚。

通称「ピンクピルボックス」の中にはあちこちに落書きが描かれている。

Tell me about your house

1.間取りは？
3ベッドルーム、2.5バスルーム

2.築年数は？
約50年

3.この家で何年暮らしている？
17年

4.購入した理由は？
別のエリアで一軒家を探していた際に、たまたま知人から情報を得て、もともとあこがれていた住宅街だったので購入を決意。

5.住んでいるエリアはどんなところ？
一軒ずつの土地が広く整備された閑静な住宅地。

6.あなたにとって「家」とは？
家族がいるところであり、安心できて安全と思える場所。時にはいろいろな困難から避難できる。

7.いちばん長く過ごす部屋は？
子どもたちが小さい頃は断然キッチン。今は庭で掃除をしたり車を洗ったり、あるいはダイニングにいたり。

8.ハワイ暮らしの魅力は？
自分の故郷として親しみがある場所で暮らす安心感がある。

キャロリーさんが夫のダレンさんとくつろぐ空間は日本の文化を取り入れたリビングルーム。

Case
— 15 —

シンプルに生きれば有意義な人生に

Carolee Kubo

キャロリー・クボさん

大好きな日本の文化に囲まれて

物理的な距離も、そして歴史的にも日本が身近なハワイには、日本を好きな人がたくさんいます。キャロリーさんもそのうちのひとりで、日本への愛が家全体に満ちていました。

ワイキキからそう遠くない住宅街に夫のダレンさんと暮らす彼女は、２００５年に北海道を訪れて以降、日本に魅せられていきました。

「人、文化、食べもの、何もかもが魅力的でした。その後、何度も日本を旅して各地をめぐってきたけれど、どこに行ってもみなさんが親切で、食べものもおいしい。自分が家を建てる時には絶対に和室をつくろうと決めていたんです」とキャロリーさん。

まもなくして建てた家には、満を持して畳を敷き詰めた部屋をつくりました。入り口にのれんがかけられ、その横で提灯とたぬきの置物がお出迎え。部屋の真ん中には座卓と座椅子が置かれています。床の間にかけられているのは、赤富士のかけ軸。鮭をくわえた木彫りの熊の民芸品、兜飾り、色打掛、そしてキャロリーさんが3歳の時に日本に住んでいた伯母からプレゼントされたという着物も衣桁にかけてていねいに飾られていました。

「この部屋にいると日本を感じられてホッとするんです」というキャロリーさん。パンデミックのため毎年恒例だった日本への旅行が叶わなかった時は、この和室で過ごす時間が増えたそうです。

リビングルームにも、彼女の宝物がたくさん散りばめられていました。和箪笥、日本人形、置物——。天井に届くほどの高さがある桜の木の造花は、一年中お花見をしたいという思いから飾っているといいます。日本ではおめでたい席に登場する大きな酒樽も、オブジェのように置かれています。上品な抹茶色をした日本のダイニングテーブルの上には、テーブルセンターに見立てて敷いた着物の帯が凛とした存在感を放っていました。

彼女の暮らしには、ハワイから見る日本の文化が愛情いっぱいに表現されていました。

家族も友達も健やかでいるために

「毎日の生活で大切なのは健康」とキャロリーさんはいい切ります。

「健康でなければ、友達と遊んだり、スポーツをしたり、日本を旅行したりできなくなってしまうでしょう?」

炭水化物は12年前から避けているのだそうです。

「母は糖尿病で大変な苦労をしたので、どれほど健康が大切かということを痛感したんです」

そもそもキャロリーさんは、高齢になって病を患った両親を介助するために、同じ敷地内に引っ越してきました。

毎日、ウォーキング、自転車、テニスをして、雨の日はスポーツジムのマシーンでのエクササイズを欠かさないのは、健康維持のため。少し前にリタイヤしたキャロリーさんは、長年ホノルル市の職員として勤めていました。当時は毎朝4時に起きてスポーツジムに行き、午前7時に出勤。午後4時には帰宅して、その後の時間は友達とテニスをするなど趣味の時間にあて、仕事とプライベートの健全なバランスをとっていました。

「自分だけでなく、家族と友達全員が健康であってほしい」と、毎週日曜日は9人分の料理をつくり近所に住む兄弟姉妹や友人たちへ配ってまわるといいます。

「健康はお金では買えないものですよね。みんなが健康だったら私は幸せ。そんなことを考えながら料理をしている時間も楽しいんです」

悩み事は女友達同士で解決

やさしくて姉御肌のキャロリーさんは、ハワイの人が大好きな屋外でのポットラックパーティー(持ち寄りパーティー)の最中に雨が降った時は「私の家に移動しましょう!」とみんなを引き連れて帰ることも。両親から引き継いだアパートの管理では、困っている人に対して光熱費と管理費分ほどの料金で部屋を貸すこともあるといいます。

そんな彼女自身が悩むことはないのか聞いてみると、「何かあった時は女友達に相談します。女性同士は大体同じような経験や悩みを乗り越えているでしょう? それで解決することがほとんど。これが心の健康の秘訣です」

彼女の性格からすると相談されることのほうが断然多いように思えますが、彼女にとっては「友達の助けになることが自分の喜び」だといいます。

「人生はシンプル。健康であって、夫、家族、友達がいて、彼らも健康であれば、これ以上の幸せはありません。心身の健康が人生を有意義にするキーになると思っています」

日本への愛がたっぷり詰まった和室。キャロリーさんが日本へ想いを馳せる部屋。

好きな料理はすき焼きというキャロリーさん。毎週日曜日は9人分の料理をこのキッチンでつくる。

1.テーブルセンターとして帯を敷き、兜を飾っている。**2.**和箪笥、日本人形、装飾用の桜など、大好きな日本を表現。**3.**あざやかできらびやかな色打掛は見ているだけで心が満たされるそう。

テニスの後、お腹を空かせたみんなのために、ビーフシチューと炊飯ジャーを持ってきてちゃぶ台にのせてよそうキャロリーさん。

「さっぽろ雪まつり」に行き、スキーを楽しみ、「冬」を体験して、日本に魅了されたキャロリーさん。

日本のものは、色味、素材、形など、細部に至るまで視覚的に美しいといいます。床の間に飾っている赤富士かけ軸もひと目惚れしたもの。「富士山が朝日に照らされて赤く染まる現象で、縁起がいいものなんでしょう？」と意味も把握し、サケ（日本酒）については「ジュンマイダイギンジョーがいちばん好き」と、日本へ行くたびに知見を広めているようです。

ひそかな夢は……「日本で英語を教えること」と教えてくれました。

Pick up !

美しい日本

Beauty of Japan

赤富士のかけ軸、木彫り熊、こけし、和傘、浮世絵、朝顔の造花など日本が凝縮した床の間。

「着物の美しさに触れていたい」と、飾ったり、帯をテーブルに敷いたりしている。

タヌキの置物などハワイで日本の雑貨を入手できる「行きつけ」があるのだそう。

Tell me about your house

1.間取りは？
3ベッドルーム、3バスルーム

2.築年数は？
14年

3.この家で何年暮らしている？
14年

4.入手した理由は？
両親が高齢で病気を患い、介助をするために同じ敷地内に家を建てて引っ越すことを決意した。両親が持つこの土地はその20年前に火事になり、活用していない土地だった。

5.住んでいるエリアはどんなところ？
車、自転車、バスを利用してどこへでも行きやすい便利な住宅街。

6.あなたにとって「家」とは？
安心できるところであり、幸せが宿るところ。家族で過ごす場所。

7.いちばん長く過ごす部屋は？
パンデミックの時はよく和室で過ごしたけれど、今はテレビを見てリラックスするリビングルーム。日曜日は、兄弟姉妹や友達に食事をつくるのでキッチン。

8.ハワイ暮らしの魅力は？
年間を通して天気に恵まれ、暑すぎず寒すぎず、屋外で快適にエクササイズができる。家族も友達も近くにいる。

南国らしい植物に囲まれたコンドミニアムに暮らすグレッグさんとジャウシャさん夫婦。

Case
— 16 —

エクサイズで心と体が喜ぶ生活

Greg Blythe
Jauchia Blythe

グレッグ・ブライスさん
ジャウシャ・ブライスさん

リタイアの地は迷わずハワイに

海に近い丘に建つコンドミニアム。巨大なモンステラが生い茂り、南国リゾート地の静かなホテルを思わせるところに、ジャウシャさんとグレッグさん夫婦は住んでいます。

台湾出身のジャウシャさんがアメリカに来たのは、大学院で医療系の研究者となる勉強をするためでした。一方、夫のグレッグさんはオハイオ州生まれ。米軍の歯科医として35年間、世界の米軍基地や軍関係の病院で勤務してきました。そんなふたりが知り合ったのがハワイ。同じ軍の病院に勤務していたのです。

2004年の結婚後、グレッグさんの転勤でふたりはハワイを離れます。そして2013年、グレッグさんがリタイア後に暮らす地をハワイと定めて購入したのがこの家でした。

「実は結婚当初、このコンドミニアムに住んでいたんです。米軍基地に近いので何かと便利で、近所の人たちがフレンドリーなこともよく知っていました。ハワイのほかのエリアよりも涼しくて暮らしやすいので、気に入っていた場所なんです」（ジャウシャさん）

エクササイズがライフワーク

ふたりの生活はとにかくアクティブ。グレッグさんは、週に3回ロードバイクで40マイル（約64km）を走り、その後にはスポーツジムへ通います。朝7時に出発し、帰宅するのはお昼頃。それ以外の日はスイミングへ。たっぷり32マイル（約51・5km）の距離を泳ぐといいます。

一方、ジャウシャさんは、ヨガ、テニス、ピックルボール、ウォーキングなど日によってメニューを変えてエクササイズを楽しんでいます。週末は一緒にロードバイクで遠出のため、車にバイクを乗せて目的地へ行き、そこからスタート。行き先はカイルアやアラモアナなど島のあらゆるところ。場所によって全く違うオアフ島の自然を堪能しながら走り抜けます。これに加えて利用するのが、コンドミニアムの敷地内にあるプールやテニスコート。爽快な汗を流した後は、ゆっくりランチをして、午後は少しのんびり過ごすのがふたりのライフスタイルになっています。

活動的な彼らがくつろぐのはリビングルーム。ジャウシャさんは「シンプルで快適なことがいちばん。華美な装飾は必要なくて、機能的であることがポイントかな。テレビを見ながらくつろげるソファがあれば十分なんです。ソファは夫と私それぞれにフィットするものを選びました」といいます。

スッキリとまとめられた室内は、さりげなく部屋ごとに壁の色を変えるというこだわりも。リビングルーム、ダイニング、キッチンは自然をイメージさせるナチュラルグリーンと白。ジャウシャさんがPCに向かう部屋は薄い黄色。寝室は気持ちを落ち着かせて眠れる静かな水色、というように色を選び、グレッグさんがペンキを塗り完成させたのだそうです。

自分たちらしい幸せ

軍の病院で働いていたグレッグさんは「私は現役時代の35年間、ドイツやエジプト、韓国など15の国や地域に住みました。家というと多くの人は同じ場所をイメージすると思うけれど、私にとって帰る場所は常に変わっていたんです。国によってはそのコミュニティに入ることも、友達をつくることもむずかしかったところもあります。そんな中でハワイはみんながやさしくて暮らしやすい。ここで、リタイアした今は起きる時間もその日の行動もすべて自分で決められるのがうれしくてたまらないんです」

アメリカ本土に暮らしていたジャウシャさんも、「ハワイはアメリカ本土とは文化が違います。いろいろな人種が混ざって暮らしている島でしょう？　人があたたかくて、みんな家族という気持ちで人に接するんです。これはハワイの文化の特長ですよね。観光と人々の生活というコンビネーションができ上がった社会というのも興味深いこと。地理的にも、夫の実家があるアメリカ本土と私の実家である台湾の中間にあって、私たちにとってはちょうどいい場所なんです」

たくさんの理由があってハワイを定住の地として選んだふたり。その生活を満喫することを意識して、1日の時間を有効に使っています。

そして幸せな暮らしについて、ジャウシャさんはこう続けました。

「大事なのはやはり健康。もちろんお互いの両親も、信頼できる友達も大切。彼らとのつながりは欠かせません。健康のことも人間関係も、そして経済的なことも、必要以上に心配することなく生きていけたら十分幸せ。それ以上望むものはないなと思っています」

「マンゴーをもらったから切るね！」とキッチンに立つジャウシャさんと、つまみ食いするグレッグさん。

1.まるで絵のようなリビングの窓からの眺め。2.ベッドルームもテーマはシンプル。心を落ち着かせる心理効果があるというブルー系を壁に塗った。3.ジャウシャさんのベッドルームは、調べごとをしたり、テレビを見たりするプライベートな場所。

4.ラナイからはコオラウ山脈が一望できる。雨の後は目の前に大きな虹がかかるという。5.建物の前にあるプールは住民にとってコミュニティの場にもなっている。

グレッグさんとジャウシャさんが長年続けてきたロードバイクの魅力は、なんといっても楽しみながらエクササイズをできること。車で通り抜けてしまっては気付くことのない景色、花の香り、波の音や鳥の声などを五感で感じることができるといいます。

旅先でもバイクに乗るふたり。旅行でオランダを訪れた時は、街の中や風車がまわる水路沿いを走ったこともいい思い出になっています。

Pick up !

ロードバイク・ラブ！

Road Bikes

真珠湾に浮かぶフォードアイランド内の広い敷地をロードバイクで走ることも。

オランダでも、ふたりで風車を見ながらロードバイクを楽しんだ。

Tell me about your house

1.間取りは？
2ベッドルーム、2バスルーム

2.築年数は？
33年

3.この家で何年暮らしている？
10年

4.購入した理由は？
かつてこのコンドミニアムの賃貸物件に住んでいて、グレッグの勤務先だった米軍基地が近く、環境も気候もよく、敷地内にプールやテニスコートがあることから気に入っていたので購入した。

5.住んでいるエリアはどんなところ？
海を望めて静かで涼しい。近所の人たちもフレンドリーなコミュニティができているところ。

6.あなたにとって「家」とは？
リラックスできて、何をしてもいい場所（ジャウシャさん）。

以前は、帰るところでありそれが常に変わるものだった。今は、このハワイに持った安住できる場所（グレッグさん）。

7.いちばん長く過ごす部屋は？
グレッグと違うテレビ番組をPCで見ることも多いので、自分のベッドルーム！（ジャウシャさん）。

テレビを見るからリビングルーム（グレッグさん）。

8.ハワイ暮らしの魅力は？
さまざまな人種が暮らしていて、人に対して親切な文化がある中で生活できる（ジャウシャさん）。

1年を通して気候がよくて、人を快く受け入れるあたたかさを持っている環境であること（グレッグさん）。

家族の癒しの空間となっている2階のラナイ。ツリーハウスように自然と一体になれる場所。

Case
— 17 —

日々の営みにあえて時間をかける

Hiromichi Nago
Chikako Nago

ヒロミチ・名護さん
千賀子・名護さん

自然のエネルギーを受けて

ハワイ出身で日系3世のヒロミチさんと沖縄出身の千賀子さん夫婦は、ヒロミチさんの両親と二世帯住宅で暮らしています。最初に案内してくれたのは、緑が生い茂る庭でした。「裏には小川が流れていてね。アボカド、ウル（パンノキ）、リリコイ（パッションフルーツ）の木がどんどん育つんですよ。知人たちは『ここに来れば緑が息を吹き返す』といって、元気がなくなった植物を持ってくるんです。この胡蝶蘭もうちに入院中。随分元気になって花を咲かせているでしょう？」と、千賀子さんは笑います。

千賀子さんとヒロミチさんは、植物だけでなく土壌や水など自然環境を守ることがライフワーク。化学物質が生態系に悪影響を及ぼすことに危機感を抱いてきたふたりは、自然界にいる微生物EMの販売店を経営しています。そんなふたりが熱心に行っているのが、崩れてしまったハワイの生態系を戻すためのボランティア活動。生物多様性を促進するEMを応用させて、ワイキキの山側にあるアラワイ運河の水質を改善する活動は、ハワイの中で年々大きくなっています。

「元気な植物や花からエネルギーをもらえて、緑に囲まれていると幸せな気持ちになれるんです」と話す千賀子さん。庭だけでなく室内にもたくさんのグリーンが置かれていました。

そんな彼女がいちばん落ち着くという空間は2階のラナイ。「ヌウアヌ・パリ（コオラウ山脈の崖）から海へ抜ける風が気持ちよくて、ここから庭の木々を見ているだけで心がなごみます」と、本当にくつろいだ雰囲気で話す千賀子さん。仕事から帰ってきた夫のヒロミチさんも、コーヒーを持ってそのままラナイへ。「ここで緑を眺めて鳥のさえずりを聞いていると、疲れて帰宅した時でも癒やされて元気になれるんです」といい、しばらく佇んでいました。

せわしないからこそていねいに

アメリカの航空会社に26年間勤務した千賀子さんは、パンデミックを機に早期退職を決意しました。それまでは、アメリカ本土との時差を活用して早朝からオフィスで働き、午後は夫婦で経営する店に出勤する生活でした。現在は店の仕事のほかに、コーヒーを生豆からおいしく淹れる講座や、味噌や麹などの発酵調味料づくりのワークショップを自宅で開催するなど、環境と体にやさしい知恵を広めています。

「せわしない日々だからこそ、あえてひとつのことをていねいにゆっくり時間をかけるようにしています。面倒くさいこともやってみる。洗ったお皿をていねいに拭いたり、ごはんをゆっくり食べたり。コーヒーは急がないで淹れる。ハワイは世界3大コーヒーのコナコーヒーがあるでしょう？ ハワイに暮らしているなら地元の１００％コナコーヒーを飲もうよ！って思うんです。生豆をじっくり焙煎してゆっくりドリップしたらおいしくなるんだから」

そして、焙煎したコーヒー豆の香りが漂うキッチンのカウンター越しに「はい、アフォガード」と、ミントチョコレートチップのアイスクリームに熱々のエスプレッソをかけてくれました。それは、コナコーヒーの深みと酸味に、アイスクリームの甘さがとろけ、心が喜ぶ味わいでした。

ハワイでは頑張り過ぎなくていい

カリフォルニア州に暮らしていた千賀子さんは、「アメリカ本土にいた頃は、自分はマイノリティーなので『頑張らなくちゃいけない』と思っていたけれど、ハワイは日系人が多くて肩肘張らずに生きていけるところ。この環境は、ふたりの子どもを育てるのによかったなって思います」といいます。夫のヒロミチさんの家族をはじめ、近所には沖縄からの移民が多く、野菜を持ってきてくれたり、お裾分けし合ったりと、小さなオキナワンコミュニティがあるそうです。

航空会社に勤務していた頃から世界中を旅してきた千賀子さん。

「楽しい旅行から戻って、ハワイに降り立つと、空気が違うと感じるんです。やはりハワイは居心地がいいですよね。もちろん、日々いいこともそうでないこともあるけれど、人生、生きているだけで儲けものだと思うんです。過度な期待をしないで、起こることとの展開を常に客観的に見ていけたら、余計なエネルギーを使わず、心にもゆとりができるんじゃないかな。どんな時も誰かを受け入れるスペースを心の中に空けておきたいなと思っています」

ゆったりとした自然のリズムを全身で感じながら、自分のペースを大事に生きる。それが心と体、そして自然環境を、よい状態へと導く術なのかもしれません。

青々とした木々と花で満たされた庭から見る家。近くには小川が流れている。

1.コーヒーの生豆をゆっくり焙煎する千賀子さん。後ろは仕事から帰宅した夫のヒロミチさん。2.焙煎したばかりの100％コナコーヒー豆。香り高く、フレッシュで芳醇な香りが部屋に漂っていた。3.千賀子さん特製アフォガード。30年前にローマで友達のお母さんがつくってくれたそう。

4.麹やみりん、味噌など発酵調味料は自分でつくると体にやさしく「何よりおいしい！」と千賀子さん。5.ビーチで拾った流木や貝殻など自然の素材を使ったオブジェが、まわりの自然と調和している。

生活排水などで汚れてしまったアラワイ運河をきれいにするため、2019年に設立された非営利団体「ゲンキ・アラワイ・プロジェクト」。「7年で泳げる水質に！」と、有用微生物群（EM）を入れた泥団子「ゲンキボール」をつくり運河に投入する活動をしています。

地元の小学校や企業、観光客も参加し、これまで100万個のボールを投入。運河にアオウミガメが戻って来たことも地元ニュースで話題に。ヒロミチさんは「自然環境も人間も自分の免疫力で健康になれるんです。その力に気付いてもらうことが僕の役目」と語ってくれました。

Pick up !

ハワイの自然を守ろう！

Volunteering

土と米糖などを入れたEMぼかしなどを混ぜて団子をつくる作業は、泥遊び感覚。

一斉にゲンキボールを投入！ 水中で微生物が本来の働きを取り戻して水質が改善していることが数値で確認された。

この日のボランティアに集まった住民に説明をするヒロミチさん。

Tell me about your house

1.間取りは？
3ベッドルーム、2バスルーム

2.築年数は？
17年

3.この家で何年暮らしている？
17年

4.入手した理由は？
夫の実家を2世帯住宅にしたので。

5.住んでいるエリアはどんなところ？
教育施設、お寺、総領事館が近くて落ち着いた地域。

6.あなたにとって「家」とは？
ゆっくりリラックスできる場所。緑に囲まれて生命のつながりを感じさせてくれるところ。

7.いちばん長く過ごす部屋は？
コーヒーを淹れたり、料理をしたり、食関連の講座をしたりするのでキッチン。

8.ハワイ暮らしの魅力は？
ハワイはほかの地にはない居心地のよい空間と空気があって、旅から帰るたびに「やっぱりいいな」と再認識する。そんな地に住めるのは魅力。

ガレージ横は海と山からの風が吹く心地よいスペース。ハワイの日常を感じさせる。

Case
― 18 ―

波乗りのようにバランスよく生きる

Jason Oliver

ジェイソン・オリバーさん

スポーツで心と体を健やかに

オアフ島南東部、マウナルア湾や絶景を望めるトレッキングスポットのココヘッドなどの自然に囲まれたハワイカイ。ショッピングセンターや学校などの教育施設も整っていることから、人気の高い住宅街です。

ジェイソンさんは、妻、14歳の長男、12歳の次男の4人家族で、ココヘッドの麓にある住宅地の一角に暮らしています。大きなガレージの奥に一軒家があり、その向こうにある庭にはパパイヤの木がたっぷりと実をつけていました。

「ここに引っ越してきたのは2009年。結婚当初はホノルル西部のアパートに住んでいました。長男が生まれる前に広い家がほしくて妻と探してまわったところ、ハワイカイにちょうどいい一軒家を見つけたんです」

玄関を入ると広々としたリビングルームが広がっています。このスペースで子どもたちは遊び、テニスが趣味のジェイソンさんは素振りをすることもあるといいます。

ジェイソンさんがこの家を好きな理由のひとつはロケーション。サーフポイントが車で10分のところにあるのです。ハワイで生まれ、海で泳ぎ、ボディボードをして育ったジェイソンさん。サーフィンをはじめたのは15歳の時でした。

「水に入るだけでリフレッシュできるんです。そして、沖に出た時のあの平和で静かな独特の空気感がたまりません。心も体も鎮まります。1週間に3回から4回は海に入っていますね」

次男のイーサンくんもサーファーで、「冷たい水に入った瞬間が最高に気持ちいい! 波に乗っている時、自由だ! って感じるし、むずかしいけどショートボードでターンをするのが楽しい」

海よりも陸が好きな長男のコーウェンくんは、昨年はじめたトラック競技に夢中です。「前へと足をのばすほどにグン

1.部屋の真ん中にあった大きな仕切りを取り払って、より広いスペースにしたリビングルーム。2.棚には子どもたちの幼少期や家族の思い出の写真などが飾られている。

3.子どもたちが約10年前に描いた絵。ウミガメ、イルカ、ヤシの木などがモチーフでハワイらしい。4.海を感じさせるソファの横には小さなグリーンがアクセントに置かれている。

グンと加速する瞬間が気持ちよくて、走っている時に自由を感じる」と、その魅力を話してくれました。

お父さんも、ふたりの息子さんも、日常の生活にスポーツがあってそれによって心身の健康を維持しているようです。

限られた時間を行動力で有効活用

大学時代をカリフォルニア州で過ごしたジェイソンさん。はじめて故郷のハワイを離れて暮らした時のことをこう話してくれました。

「学生生活は楽しく、いい4年間でした。同時に、ハワイとは違う世界を知る時間にもなりました。気候、海、山、街、人、すべてが違って、ある意味ではそれも魅力だったのですが、ひと言でいうと、アロハを感じられなかったんです」

ジェイソンさんにとってのアロハは「あたたかさ」だといいます。彼は卒業後、家族や友達のいるハワイに戻ってき

Tell me about your house

1.間取りは？
3ベッドルーム、2バスルーム
2.築年数は？
53年
3.この家で何年暮らしている？
14年
4.購入した理由は？
長男が生まれるにあたり、アパートから一軒家に引っ越したくて探したところ、予算に合う物件と出会えたから。
5.住んでいるエリアはどんなところ？
海も山も近くて、静かな住宅街。サーフポイントにも行きやすい。
6.あなたにとって「家」とは？
帰る場所であり、家族がいるところ。安全な場所。
7.いちばん長く過ごす部屋は？
読書をしたり、子どもたちと遊んだり、テレビを見てリラックスしたりするリビングルーム。
8.ハワイ暮らしの魅力は？
天気がよくて、海や山が近くにあって、人があたたかい。そんな環境の中で生活ができること。

5

6

5,6.「ほかのどこのパパイヤより甘いよ！」といって、下方になっている黄色いパパイヤを慣れた手つきで取ってくれた。

ました。

　ハワイで弁護士となり、今はその傍ら、ハワイの名門校でテニスチームのヘッドコーチも務め、毎年チームを優勝へと導いています。そんなせわしない毎日の生活で大切にしているのは、バランス。

「仕事、プライベートの時間、健康維持は、自分のために必要です。そのほかに、家族、とくに子どもへの教育もとても大切。それは選択肢を与えてあげることであり、日々のケアであり、注意深く見守ることだと思っています」

　いくつもの責任を抱えながらも、ジェイソンさんが誰に対してもやさしく接することができるのは、少しの時間であっても海へ向かうなど、時間管理と行動力によってバランスを保っているから。

「時には上手にバランスを取れないこともあります。でもトライすることが大事なんです。そう、サーフィンのようですね！」と、さわやかな笑顔で話してくれました。

2階にあるベッドルームはプライベートな空間で、穏やかな時間を過ごせる。

Case

— 19 —

父と息子のシンプルであたたかな生活

Chris Dang

クリス・ダンさん

開発が進む街に息子と住まう

ここ数年で目覚ましく開発が進んだ地域、カカアコ。感度の高いローカルや旅行客で賑わう場所へと発展する一方、住宅地としても注目を集めています。というのも、ハワイは築50年くらいの住宅が多い中、ここでは数年前から新築コンドミニアムが次々と完成しています。クリスさんは、5年前に建てられた話題のタウンハウスに暮らしています。

弁護士のクリスさんがこの家へ引っ越した理由は「まず私のオフィスが向かいのビルにあるので近いということ。それに韓国専門スーパーの『Hマート』や、オーガニックストアの『ダウントゥアース』もすぐそこにあって、飲食店やおしゃれなショップが集まる複合商業施設『ソルト』も目の前。それまで住んでいた山の中腹の一軒家とは環境の違う場所で生活することに興味があったんです」と教えてくれました。

「それから、息子セビーのお母さんのコンドミニアムも歩いて3分の距離だから、彼が移動するのにも便利なんです」

アメリカでは離婚後に、子どもが父親と母親の家で交互に暮らすのは一般的。14歳のセビーくんは、2日ごとにお父さんであるクリスさんの家と、お母さんの家を行き来しています。

「この家は、自分とセビーと、犬のジェイが暮らしているだけ。だからシンプルですよ。どの部屋も置いてある家具はベーシックでしょ?」とクリスさん。シンプルな家でありながら、至るところにある笑顔の写真にぬくもりを感じます。

「セビーが小さい頃からの成長の過程を写真に収めてきたので、それはいつも目に届くところに置いておきたいんです。旅行が大好きだから、彼と行った旅の写真は引きのばして飾っています。アイスランドは忘れられない旅でした。神秘的な自然が美しくて、楽しくて、その写真が多いですね」

1.リビングルームで愛犬とリラックスするクリスさん。目の前には犬にとって快適な庭がある。2.「男ふたり暮らしのキッチンだから、ガールフレンドが片付けてくれた」と笑うクリスさん。

3.友達からのクリスマスカードは見るたびに幸せな気持ちになるので、一年中飾っているそう。4.息子の成長を追って記念写真を撮り、部屋に貼っている。

クリスさんは、自分が育ったハワイは仕事があり、家族が暮らすところなので拠点ではあるけれど、ひとつの場所にとどまりたくないと考えています。だから、時間が許す限り、アメリカ本土やアラスカ州、アジア各国など、年に4回は旅行に出かけるのだとか。「旅には何にもかえがたい価値があります。それを息子に体験させたいですし、旅先で息子と過ごす時間は自分にとっても重要なんです」といいます。

実はクリスさん、「山の中腹でののどかな一軒家生活が、恋しくなってしまって」と、以前暮らしていた家の近くに土地を買ったばかり。

「その土地に一軒家を建てたら、今の家を売って引っ越す予定です。だから壁に穴を開けたくなくて、写真をかけずに置いたり、マグネットを使って貼ったりしているんです」

次の引っ越しまでにさらに親子の笑顔の写真が増えそうです。

Tell me about your house

1.間取りは？
3ベッドルーム、3バスルーム
2.築年数は？
5年
3.この家で何年暮らしていますか？
5年
4.購入した理由は？
プール付きのタウンハウスで自分のオフィスが目の前。アラモアナも近く、開発によって便利になっていた地域だったので興味があった。1階からすぐに散歩に行けるのは愛犬にとっても好都合。
5.住んでいるエリアはどんなところですか？
スーパーマーケットや飲食店、アパレルや雑貨店などあらゆる店が次々とオープンした開発が進む場所。
6.あなたにとって「家」とは？
自分の居場所だから、立地やつくりを含め、納得のいくものであり続ける場所。
7.いちばん長く過ごす部屋は？
テレビを見て、音楽を聴いて、食事をするリビングルーム。
8.ハワイ暮らしの魅力は？
自分のこれまでのキャリアがあり、息子が近くにいて、親も暮らす故郷であること。

アラモアナビーチパークで友達とBBQパーティー。休日に仲間と過ごす時間も欠かせない。「ケビン（中央）がつくってくれたフィリーチーズステーキが最高においしかった！」

ルーティンも変化も楽しむ

旅好きな一方で、普段の生活では決まったスケジュールがあることで安心できるというクリスさん。

「平日は仕事が詰まっていますが、セビーが帰って来る日は彼と日常生活を送り、週末は彼のバスケットボールやテニスの送り迎えをして、空いた時間は一緒に遊びます。彼がいない時は友達とパーティーをしたり、ガールフレンドと遊んだりします。この繰り返しなんですが、こういうライフスタイルが自分にとって心地いいペースになっているんです」

数年後、セビーくんはアメリカ本土か日本の大学に進学する可能性もあるという、息子の成長と共に変わっていく自身の生活も楽しみにしています。

「彼がハワイを離れた時は顔を見に行きながら旅行をすると思います。いずれ自分がリタイヤしたら少しゆっくり外の世界を見たいですね」

休日はそれぞれのボーイフレンドも集まり、より賑やかになるシェアハウス暮らし。

Case

― 20 ―

友達と過ごす時間が夢への原動力

Lisa Roerk

リサ・ロークさん

笑顔咲く山の上の4人暮らし

アメリカ本土の大学を卒業し、生まれ育ったハワイに戻ってきたリサさん。その後の数年間は、ハワイとアメリカ本土で仕事を見つけては行ったり来たりしてきました。今、住んでいる家は、昨年11月に友人と共に家探しをして見つけ出したもの。

「私も友達も働いているから、職場に通いやすいホノルル市内であること、あとは家賃をなるべく抑えることを条件に探したんです」

ついに見つけたのは、曲がりくねった山道を上りつめた一角にある一軒家。太平洋を見下ろすこの家で、リサさんと同世代のキムさん、クリスティンさん、ベイリーさんの4人が暮らしています。玄関を開けるとまずはダイニング、2階はリビングルームで奥にはエクササイズルームも。そして3階には4人それぞれの部屋があります。

「本当はベッドルームが3つしかなくて、ひと部屋足りなかったんです。そこでキムが友達に手伝ってもらって自分で部屋をつくったんですよ！ おもしろいでしょう？」

3階の廊下のつきあたりに、ベニア板を打ち付けて、その横にドアを取り付けた部屋がありました。リサさんは「部屋は小さいけれど、個室になっているのが大事。下のリビングで過ごすことも多いですよ。それぞれが帰宅してからなんとなく集まるのですが、みんなでテレビを見たり、料理をしたり。週末は今日みたいに友達やボーイフレンドを呼んだりしてね。他愛もないことを話して笑い合うのが楽しくてリラックスできるんです」と、盛り上がっているリビングを覗きながら微笑みます。

「最初はひとつだったソファも、私の両親が自宅のソファを運んできてくれたりして、今は3つになりました。ダイニングのテーブルもひとりが実家から持ってきて、そこで食事ができるようになったし、気付いたらなんとなく、みんなにとって居心地のいい家になっていたような感じです」

ガレージ奥に趣味の陶芸スペース

たくさんの趣味を持ち、その時間も大事にしているというリサさん。子どもの頃から編みものをしたり、絵を描いたりと、ものづくりが好だったといいます。そんな中で大学時代にはじめて4年以上続けているのが陶芸で、「ガレージの小さなスペースを工房にしてるんです！」と外のガレージへ。

「むずかしくて失敗も多いけれど、できなかったことが次はできるようになって上達していくのが楽しいんです。たくさんつくったら、青空マーケットに出店するんですよ。この段ボールに入っているのが、次回に出すものです」

そこには、海と山に恵まれたハワイで育った彼女らしく、ブルーやグリーンを使った明るくやさしい色使いの食器が集まっていました。

泳ぐことも大好きで、幼少期から今に至るまで毎日でも時間があれば海で泳ぎ、さらにハイキングも日常的に楽しんでいます。「この家の後ろにはハイキングトレイルがあって、隣の山まで尾根がつながっているの。景色がよくて気持ちいいんですよ！」といい、身近な山でも遊んでいます。オレゴン州の大学に通学していたリサさんは、「オレゴンも自然が素晴らしくて楽しいところだったけれど、ハワイは一年中気候がいいから自然の中で365日遊ぶことができる。やっぱりハワイはいいなって思います。小さい島だけど、ものすごい田舎ではないし、大都会でもない。ほどよくなんでもある。それが私にとっては快適なんです」

18歳で一度故郷を離れたからこそ、その魅力に改めて気付いた、ハワイのロコガールの言葉です。

夢を描いていれば疲れない

リサさんにとっていちばん大切なことは仕事。幼少期から動物が好きで、今はハワイで生息数の激減により絶滅危惧種に指定されている水鳥「アラエ・ケアア」や「アラエ・ウラ」の研究をしています。その前は、アメリカ本土でフクロウを研究していて、夜な夜な山の中へ入ってリサーチをしたといいます。彼女が目指すのは野生生物学者になって野生生物の保護をすること。そのためにコロラド州の大学院への入学が決まっています。

「夢に向かって好きな仕事をしているから疲れることがないんです」

大学卒業後に就職して、もっと勉強したくなり、資金を貯めてさらに学びを深めるケースは、アメリカでは珍しいことではありません。興味を持つ分野に一歩踏み込んだことで、目標が明確になったリサさん。日々の楽しさを活力に、夢へ向かう彼女の瞳は澄んでいました。

ガレージの奥でろくろをまわして、ひとりで陶芸づくりをするのも大切な時間。

1.3階の奥に新たにつくった部屋。街と海を見下ろせて快適なのだそう。2.山頂に近い場所に位置するため、家が木々の中に建っている。

3.家の中にはリサさんがつくった器が飾られている。4.山側のドアを開けると、目の前に山野草や木が生い茂っている。5.2階の奥にある長細い部屋は、筋トレやヨガスペース、猫の遊び場として活用。

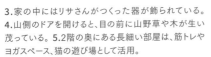

子どもの頃から、ものをつくったり、絵を描いたりするのが好きだったというリサさん。実家には高校生の時に描いた絵が飾ってあり、彼女が編んだ観葉植物を吊るすプラントハンガーもラナイで活躍しているといいます。

そんな彼女が「すごく楽しい！」と4年以上夢中で続けているのが、アートと文化の要素を持つ陶芸です。形、色、デザインの組み合わせでできる作品のアイデアは無限に広がります。想像していたものと違う完成作になることもあり、失敗という発見を楽しみながら次の作品を考えるのも好きなのだそう。

Pick up !

クリエイティブな趣味

Crafting

お気に入りは花柄のカップと緑色がきれいに仕上がったコーヒーカップ。

次の週末のマーケットでブースに並べる作品を恥ずかしそうに見せてくれたリサさん。

Tell me about your house

1.間取りは？
3ベッドルームと手づくりした1ベッドルーム、2バスルーム

2.築年数は？
不明

3.この家で何年暮らしている？
1年

4.借りた理由は？
友達と一緒に家賃を分けて暮らそうという話になりシェアハウスできる一軒家を探したところ、予算的に合う物件を見つけたから。

5.住んでいるエリアはどんなところ？
ワイディングロードを上がっていく山の上のほう。静かで自然がいっぱい。隣に住む大家さんを含め、高齢者が多いエリア。

6.あなたにとって「家」とは？
今住んでいる家については、ルームメイトと集まって、料理をしたりテレビを見たりして楽しむ場。

7.いちばん長く過ごす部屋は？
自分のことをするために自分の部屋にいる時間がいちばん長い。

8.ハワイ暮らしの魅力は？
気候がいいから一年中季節を選ばずに好きなことができる。大都市でも田舎でもないのが自分に合っているから、心地いい。

Common Words in Hawaii

- **ラウハラ**
Lauhala
ハワイ固有種のハラの葉を編むハワイの伝統工芸。

- **ラナイ**
Lanai
ベランダを指すハワイ語。

- **レイ、マイレレイ**
Lei / Maile Le
レイは首などにかける装飾品で、祝福や感謝をあらわして贈るのがハワイの習慣。神聖なマイレの葉でつくるレイは、結婚式で新郎が身に着ける伝統的なレイ。

- **ププ**
Pupu
ハワイ語でつまみ、オードブル。飲食店のメニューのカテゴリーでも使われている。

- **ポケ**
Poke
マグロなどの生魚をぶつ切りにして、醤油、ハワイアンソルト、オイルなどであえたハワイの伝統料理。

- **マラマ**
Malama
思いやりの心を意味するハワイ語。

- **アロハ**
Aloha
もっとも有名なハワイ語。あいさつをはじめ複数の深い意味を持つ。

- **オハナ**
Ohana
家族を意味するハワイ語。

- **コア（ウッド）**
Koa (Wood)
アカシア属のハワイ固有植物で、ハワイのみに生息する木。

- **スリフトショップ**
Thrift Shop
寄付により集まった古着や生活雑貨、家具などを販売し、収益を慈善活動や寄付にあてるショップ。

- **スワップミート**
Swap Meet
屋外フリーマーケット。衣類やビンテージ品から野菜までさまざまなブースが出店する。

- **タウンハウス**
Town House
同じタイプの2～3階建て一軒家が隣り合って建っている集合住宅。

- **ピックルボール**
Pickle Ball
アメリカ発のラケットスポーツで、プラスチック製の中空の穴あきボールをかたいラケットで打ち合う競技。

ひとりで暮らす人たち

Living Alone

コアのロッキングベンチに揺られるシンさん。壁には香港で出合ったアートが飾られている。

Case
— 21 —

自分と向き合う時間を持つ

Shin Hwasoon

シン・ファスンさん

本来の自分を取り戻す場所

韓国人の両親を持つシン・ファスンさん。日本で生まれ、アメリカに留学して、17年前にハワイに家を買ったといいます。1男4女の母親であるシンさんは、子育てが一段落したタイミングで漢方コスメブランド「CONJU」を立ち上げました。その後、ハワイを拠点として、工場を持つ韓国、日本、アメリカ本土を行き来するようになりました。

「子どもたちと物理的に距離を持つようになって、彼らを客観的に見ることができるようになりました。大学を卒業してロサンゼルスで就職した末娘からは毎日電話がかかってきて、相談事やアドバイスを求められるんです」

そう話すシンさんは、両親から「あれをしなさい、この学校に進学しなさい」などといわれ、敷かれたレールの上を歩いて育ったといいます。「一大決心してアメリカに来た時の解放感は忘れられません」というシンさん。その経験があったから、自分の子どもには選択肢を与えて育てたのだそう。一方で、いい母、いい妻であろうと努める自分との葛藤もあったと振り返ります。

そんな彼女にとって、本来の自分を取り戻せる場所がハワイでした。

家具もアートも感性で選ぶ

はじめてハワイで買った家は、太平洋を見下ろす丘の上の一軒家。

「家族で『コアハウス』と呼んでいて、キッチンやリビングにハワイのコアウッドを使って建てられた家でした。それに合わせる家具を探しまわった結果、やはり同じコア材の家具がしっくりきたんです。ハワイの家にコアの家具を置くと、その生命力が伝わってくるように感じました。日本や韓国にもそれぞれその文化や歴史に合う家具があると思うんです」

ダイニングテーブル、イス、コンソー

ルテーブル、デスク、ロッキングベンチをすべてコアウッドでそろえたシンさん。「使うほどに輝きを増すのがコアの魅力。このダイニングテーブルでお茶を飲んでいる時間がとても好きなんです。ロッキングベンチは娘たちが子どもの頃にいつも乗って揺られていたので、今でも彼女たちがこの家に来ると座っているんですよ。なんだか落ち着くみたいです」

そう話しながら、コアのテーブルを愛おしそうになでていました。

アートに造詣の深いシンさんがいちばん好きな作品は、韓国の新人アーティストが貝殻をパッチワークのように集めて壺を描いたコラージュ。「壺は、韓国で古くから福を呼び込むといわれているんですよ。昔からのいい伝えを、若い新たな才能で表現しているのがこの作品なんです」といいます。

コンテンポラリーアートが好みという彼女のインテリアのテーマは「モダンと伝統」。香港のアートショーで買った大きな作品はリビングルームに。それは、小さなひとつの格子の中に仏像をモチーフにした絵が描かれ、格子ごとにオモチャを無造作に置いた、カオスを感じさせる独特の作品です。

ベッドルームには、木片や砕いたココナツの皮でフラガールを描いた絵がかけられていました。キッチンカウンターにあるオブジェは、ハワイ島の溶岩を使って島と海をデザインした置物。どれも感性に響いた作品だといい、彼女の世界観が家全体を包み込んでいました。

「時間」と「脱力」を意識して

シンさんが日々の生活で大切にしているのは「時間」です。彼女は、好きな環境、好きな人、好きなことを選び、時間を意識して過ごしています。家を快適な環境にするためには掃除が基本といい、清潔感のある部屋で好きな香りや音楽に囲まれて、自分のためにゆっくりとお茶を淹れます。

「そうすると自分に向き合うことができて、五感が研ぎ澄まされるんです。そして心にゆとりが生まれることで人にやさしく接することができます。いろいろな方から相談を受けるけれど、彼らの話を聞いて、彼らが笑顔になるのを見るのが私自身の喜びなんです。自分をいかすことができたなって思えるから」

今、夢中になっているゴルフでは「脱力」という気づきがあったといいます。

「力を抜くことはとてもむずしいこと。それはゴルフなどのスポーツをする時だけではなくて、誰かと接する時もどんな時も脱力するとスムーズにいきます」

好きなことを選んでその時間を大事に過ごすことにより、こうして新たなテーマも見つけたシンさん。

「これからももっと気づきを得て、せっかくこの世に生まれた自分自身に関心を持って生きていけたらいいな」と静かな口調で語ってくれました。

触れるだけで落ち着くというコアのテーブル。韓国のアーティストによる
貝殻アートを後ろに掲げて。

キッチンでていねいに淹れるお茶は、中国茶やハーブティーを気分によって選ぶ。

アラモアナビーチが見えるラナイ。低層階から海が見える家が好きだというシンさん。

1.何年も前から大事にしてきた絵。フラガールをココナツの皮で描いた作品。 **2.**子どもたちが幼少期に習っていたテニスのラケットを入れるために注文したコアのケース。10本以上入る大きさ。

コアのコンソールテーブル。コアの色味と木目がいかされている。

シンさんが今、夢中になっているのがゴルフ。脱力することでどんなこともうまくいくという気づきを得られたのは、ゴルフのおかげだといいます。

時間があれば友人たちとゴルフコースに向かいます。彼女が「心躍る」という、ハワイのラウンドの魅力は、リゾート気分に浸れる美しい景観。加えて、一年を通して気候がよく、オアフ島内で気軽にプレーできることだといいます。

大好きなコースは島西部にあるコオリナゴルフクラブ。地形をいかしたコースでトーナメントも行われる一方で、初心者から中上級者まで楽しめる人気のラウンド。クラブのオリジナルであるてんとう虫のロゴをあしらったアイテムはお土産にも喜ばれるそうです。

Pick up !

ゴルフに夢中

Golf

コオリナゴルフクラブでラウンドを楽しむシンさん。化粧品ブランドを持つ彼女は美白もキープ！

Tell me about your house

1.間取りは？
2ベッドルーム、2バスルーム

2.築年数は？
7年

3.この家で何年暮らしている？
7年

4.購入した理由は？
知人から、ビーチフロントで話題のコンドミニアムの建設計画があると聞いて興味を持った。低層階で海が見えて、風の通りがよく、アメニティとコンシェルジュサービスも充実していたのも魅力で、何よりデベロッパーがしっかりした会社だったので購入を決めた。ハワイで新築を買う時はこれが重要。

5.住んでいるエリアはどんなところ？
大型商業施設が近く、質のよいダイニングも周囲に充実していて、ビーチも近い便利なロケーション。

6.あなたにとって「家」とは？
ひとりの時間を持つことができ、自分と向き合う時間をつくれる場所。

7.いちばん長く過ごす部屋は？
何年たってもお気に入りであるマーティン&マッカーサーのコアの大きなテーブルが置いてあるダイニング。

8.ハワイ暮らしの魅力は？
素晴らしい自然がすぐ近くにあり開放的な雰囲気で、自分を解き放つことができる。

玄関を開けると、大きな窓越しに広がる41階からの風景。大きな虹がかかることも。

Case
— 22 —

帰郷したハワイで心なごむ毎日に

Noelle Chun

ノエル・チュンさん

在宅で働くために選んだ住まい

カリフォルニア州で生まれたノエルさん。両親の故郷であるハワイに移り住んだのは6歳の時でした。

大学卒業以来カリフォルニアで働いていたところ、起こったのがパンデミック。完全リモートワークになったのを機に、家族のいるハワイに帰ってきたといいます。社会が落ち着いたタイミングでカリフォルニアに戻って働いたものの、今年の秋からはハワイに完全に拠点を移すことを決心しました。

「リモートワークでほとんどのことができるから、カリフォルニアに留まる必要はないと思ったんです。やはり家族が暮らしていて、昔からの友達がたくさんいるハワイが自分にとって快適だから」

彼女が家選びで重きを置いたのは在宅で働く環境でした。ハワイでひとり暮らしといえば、いわゆるワンルームのスタジオタイプか、それにベッドルームが付いた1ベッドルームが主流。ノエルさんがあえて2ベットルームを選んだのは、「実はこの家の総面積は1ベッドルームの広さと大して変わらないんです。でもコンパクトな2ベッドルームになっていて、ひと部屋をオフィスとして使えるのが決め手になりました」

仕事とプライベートをしっかり分けたかったというノエルさん。スイッチをオフにしてリラックスすることにこだわったのが、リビングルームです。壁一面の窓の外に広がる41階からの眺望が、彼女の肩の力を抜いてくれます。

映画と音楽が大好きなノエルさんのリビングルームでは、音響機器も主役のひとつ。ソファの正面に大きなテレビを、その両脇にはスピーカーの王者とも呼ばれるＫＥＦ（イギリスのスピーカーメーカー）を配置。映画を見る時は映画館のような臨場感を味わえ、音楽を聴く時はその曲調に合った音を楽しめます。この日はハワイを代表するミュージシャンで

1.コンパクトなダイニングも少人数では十分。食事後はリビングルームで過ごす。2.イサムノグチによる和紙と竹からなる照明「AKARI(あかり)」が好きだというノエルさん。3.リビングルームでくつろぐのに、大きなコーナーソファは欠かせない。

あるケアリイ・レイシェルの深くやさしい歌声が部屋を包み込んでいました。

窓の外の緑に溶け込むようなグリーンのコーナーソファは、マウカ（ハワイ語で山）の景色と合わせたいと思って選んだもの。心を潤すハワイの自然界の色、緑と青を基調にするために、青いカーペットを敷いたといいます。

部屋を使い分けることでオンオフのメリハリをつける。ポイントを絞った家選びにより、ノエルさんは仕事もプライベートも充実した日々を送っています。

友達や家族と助け合って生きる

ノエルさんの職業はフードライター。料理をすることも食べることも大好きで、「友達がこの家に集まって、一緒に食事をするのが最高のひと時」といいます。ダイニングの横には、自由に好きなカクテルをつくって飲めるように、ワインや日本酒など何種類ものお酒がびっしり並

Tell me about your house

1.間取りは？
2ベッドルーム、2バスルーム
2.築年数は？
12年
3.この家で何年暮らしている？
入居したばかり。
4.借りた理由は？
立地のよさと、ここに住んでいる友達から住み心地がいいと聞いたこと、小さな2ベッドルームという稀有な物件であることも自分に合っていた。
5.住んでいるエリアはどんなところ？
公園やビーチ、スーパーマーケット、各種飲食店が徒歩圏内という便利なところ。
6.あなたにとって「家」とは？
安全な場所であって、心身ともにリラックスできる安らぎの場。
7.いちばん長く過ごす部屋は？
テレビや映画を見たり、音楽を聴いたり、景色を見ながらリラックスできるので、リビングルーム。
8.ハワイ暮らしの魅力は？
人として家族や友達と思い合い、助け合って生きていきたいと考えている自分にとって、彼らの近くで生活できることは大きな魅力。

4.KEFのスピーカーで部屋が映画館になるという。5.自分も友人も各自が好きな飲みものを飲めるように、日本酒から洋酒までそろえたホームバー。

んだホームバーがあります。

「意識しているのはBuy Local。地元産のものを買うことです。ポケパーティーをしたり、ハワイ沖で獲れた魚を使った料理をつくったりしてみんなで食卓を囲みます。ハワイに戻ってから新しい友達もできて、彼女ともよくごはんを食べるんですよ」

彼女にとって友達は一緒に楽しい時間を過ごすだけでなく、人としてお互いに気を配り、思いやることを学ぶ大切な存在といいます。さらに、家族と過ごす時間も必ずつくっているノエルさん。

「同居していなくても、家族が近くにいることは私にとって重要なことだと気づいたんです。両親、兄弟姉妹、親戚、祖父母がハワイに住んでいて、うちは大家族。クリスマスパーティーでは、レクリエーション担当を決めて企画するほどね（笑）。苦楽を共にしてみんなが助け合って生きていくことが人生でもっとも重要なことだと思っています」

自分で壁をピンク色に塗り、ローカルアーティストの絵を飾ってハッピーでいられる空間をつくった。

パンデミックで意識した住空間

ピンク色の壁、シンメトリーに配置された絵、トロピカルな花が彩る部屋で、笑顔で迎えてくれたジョディさん。

「ちょうどマウイ島に行って来たところで、この花を持ち帰ってきたの！」

シンプルなボトルに挿してある花は、フォルムをいかしてアレンジメントしてありました。

実家で暮らしていたジョディさんが、家を買う決心をしたのは、ある日母親に「そろそろひとりで暮らすタイミングが来たんじゃないかな？」といわれたことがきっかけでした。通勤に便利な「タウン」と呼ばれるホノルル中心部にするか？　郊外にするか？「予算に合わせると、タウンの場合は1ベッドルームで、郊外なら2ベッドルームが買えることがわかったんです。考えた末に私には立地のよさよりも広い空間が必要だと思って決断しました」と、2階建てのタウンハウスを郊外に購入しました。

彼女は最初からインテリアにこだわっていたわけではありませんでした。

「きっかけはパンデミックです。それまでは仕事がいそがしくて家にあまり構う余裕がなかったんですが、ハワイがロックダウンになってみんながリモートワークになったでしょう？　家で働くなら、自分にとって心地よい空間にしたいと思いました。ぱっと視線をあげた時に好きなものが目に映ったら、いつでも幸せな気分になれるんじゃないかって」

そして、ジョディさんは模様替えをはじめたといいます。

“好き”が詰まった
ひとり暮らし

Case
— 23 —

アートと花で心が潤う住空間

Jodi Park

ジョディ・パークさん

ピンクと花とローカルアーティスト

大好きな色はピンク。全面が真っ白だった壁の一面だけをピンク色に塗ることを思いついたのだそう。明るすぎるピンクが苦手というジョディさんは、リゾートとクラシカルを感じさせる色を選びました。それは「太平洋のピンクパレス」と呼ばれるホテル、ロイヤルハワイアンを思い起こさせる色調です。

ここは自分でペンキを塗る人がとても多いアメリカ。ジョディさんもひとり暮らしを機に初挑戦しました。「はじめてだったから友達に手伝ってもらう約束をしていたんだけど、彼女が来るのが遅かったから、結局ほとんどひとりで塗ったんです」と笑います。

きれいに塗ったピンク色の壁に飾っている絵は、すべてハワイのローカルアーティストの作品。ローレン・ロス、パンキー・アロハ、クリス・ゴトウ、アロハ・デ・メレ、マーガレット・ライス……彼女の口からは地元のアーティストの名前が次から次へと出てきます。実は、彼女の勤務先はハワイに根ざしたスーパーマーケット「フードランド」。地元を応援したいという気持ちが強くなったのも自然なことでした。アートが好きで、アートフェアに行って好きな絵を買ったり、仕事柄ローカルアーティストと出会うチャンスもあり仲良くなることも。「そうすると、さらに親近感が高まって彼女たちの作品を集めたくなるし、応援したくなるんです」とジョディさん。

花を描いた絵が多いのは、花も大好きだから。彼女が所属するのはフローラルデパートメント（花専門の部署）。「好き」が仕事にもなっているジョディさん。花が好きな理由は「花は人を幸せにするから。もらった人が喜んでくれるでしょう？　私たちフードランドのコンセプトは、アロハをシェアして広げていくこと！」と、仕事への情熱も尽きません。

ジョディさんの愛情をたっぷり受けた絵や花は、それに応えるように部屋全体を幸せの空気で満たしていました。

家族と友達はいつも近くに

実家を出て約7年。今では自分の家がいちばん落ち着く空間になったというジョディさん。

「この家は、快適で自分らしくいられる場所で幸せを感じるところ。もちろん家族が恋しい時もあるけれど、今でも月に2回は実家で夕食を食べるので、それで十分かな。ほどよい距離感も大事だと思っています」

彼女にとって家族と友達の存在は人生の支え。階段の横には、彼らの写真をきれいに並べて飾っています。

「家族との思い出や、幼なじみとの旅、友達とのいろんなシーンの写真があるでしょう？　絵と同じで、いつも見ていたい写真を貼ったんです」

最後に、とても大切な絵を見てほしいと案内してくれたのは、2階のベッドルームの入り口。そこには淡いピンク色の花の絵がありました。「大好きな祖母が描いてくれたんです」と、その絵を見つめるジョディさんは、絵からあふれる祖母のやさしさを受けて穏やかな表情をしていました。

1

2

1.階段には家族や友人との写真、ペット、旅先の景色など大切な思い出を飾っている。**2.**ベッドルームの絵はハワイで絶大な人気を誇る日本生まれのローカルアーティスト、クリス・ゴトウによるもの。

My Favorite!

花や緑に関する本・イラスト・絵

Books, Illustrations and Paintings

ジョディさんの愛読書は植物の本。テーブルの上には、観葉植物に関する本、季節ごとの花の紹介、ブーケや飾り方のアレンジなどが詰まった花の本、そして色とりどりの花を使ったハワイのレイの本が置かれていました。仕事柄、自身でアレンジメントをする機会もあるため、本から学んだり、アイデアを得たりするのだとか。パラパラとページをめくって眺めているだけでも幸福感に浸れるといいます。

同じく見ているだけで幸せになるのがイラストや絵。南国の「トロピカルフラワー」を描いたイラスト、祖母が庭にあるエアプランツの花を描いた絵も、大事だからといって奥にしまってはもったいない。宝物だからこそ、いつも見られるように飾っています。

祖母が描いてくれた絵はジョディさんの宝物。ふたりで絵を描くこともあるそう。

眺めるだけでも心が潤う本はテーブルの上に置いている。何回見てもその美しさに魅せられる。

ジョディさんの好きなトロピカルな花と、その名前が描かれたビンテージイラスト。

2

3

1

1.バードオブパラダイス（ゴクラクチョウカ）やプロテアの花を、自分でアレンジメントして飾っている。2.ピンク、絵、花のほかに、ハローキティも大好きでグッズを集めている。3.ドアののぞき穴フレームは、大ファンのTVシリーズ「フレンズ」でモニカの部屋にあるもののレプリカ。

Tell me about your house

1.間取りは？
2ベッドルーム、2バスルーム
2.築年数は？
43年
3.この家で何年暮らしている？
約7年
4.購入した理由は？
母親にそろそろ実家を出るタイミングだといわれ、自分も納得したことから探しはじめ、条件と予算に合う物件だったから。
5.住んでいるエリアはどんなところ？
食材や日用品を買う店が多く、高速道路も近く、街中へも行きやすい。
6.あなたにとって「家」とは？
快適な空間と場所であり、幸せな気分になれるところ、リラックスできて自分らしくいられる場所。
7.いちばん長く過ごす部屋は？
リビングルーム。仕事をする場所もここ。テレビを見たり、昼寝をするのもやっぱりリビングルーム！
8.ハワイ暮らしの魅力は？
家族も友達も近くにいるからいつでも会えて、困った時は相談もできる。

趣味が高じて洋裁が仕事となり、デザイナーとしても活躍しているアラーナさん。

好きを主役にしたインテリア

モダンな長テーブルに等間隔で並ぶ3台のミシン。「姉妹や甥っ子と姪っ子たちの服のほつれやボタン付け、裾上げ、刺繍が全部まわってくるんです」と笑うアラーナさんの趣味は洋裁と手芸。ワイキキにあるハイエンドブランドで働く彼女は、その趣味の枠を超えてデザイナーとして約20年間、高校のパフォーミングアーツ（舞台芸術）の舞台衣装の製作も請け負っています。

「用途によって違う機能が必要なので、少なくても3台はなくてはならないんです。奥の小さいミシンを合わせると4台。このほかにミシン糸各色と、編みものもするから毛糸もそろえています」

そういって引き出しを開けると、系統色に分類されたミシン糸がきれいに納まっていました。毛糸と編みかけのストールは、あえて見せる収納をしていて、シェルフに置かれています。

“好き”が詰まったひとり暮らし

Case
— 24 —

こだわりの部屋で洋裁や手芸を楽しむ

Alana Morton

アラーナ・モートンさん

「ちょうど裾上げをしたかったところ」と、ショートパンツを取り出して、同色のミシン糸を引き出しから選び、糸を手際よくミシンに通してあっという間に仕上げてしまったアラーナさん。

「部屋をスッキリと機能的な配置にしたかったんです。ワンルームだからたくさん工夫が必要でした。実家には母の裁縫専用の部屋があったから、それにくらべるとかなりコンパクトなスペースです」

いつでも取りかかれるように整えられた趣味のコーナーには、彼女のアイデアが詰まっていました。

自分好みにコーディネート

「私はね、スーパー、スーパー、ピッキーなんです」とアラーナさんは明るく笑います。好みがはっきりしていて妥協しない「ピッキー」な性格が映し出された部屋は、納得がいくまで選び抜いた家具や雑貨でオーガナイズされていました。

「ここに引っ越して来るまでずいぶん時間があって、ちょうどパンデミックだったからじっくり家具を選びました」

アラモアナセンターのすぐ近くに建設が計画されたタイミングで購入したコンドミニアム。それがついに完成したのが2年前でした。

「もっとさかのぼれば、22歳の時に不動産の仕事をしていた年上の知人が『そろそろひとり暮らしを考えるといいわよ。まずは早く家を買うこと。このハワイではそれがいい投資になるから』と教えてくれたんです。当時はよく理解できなかったけれど、あれから10年あまり経って、彼女のサポートでローンを組むことができて自分の家を買ったんです」

新たな一歩となったひとり暮らし。ハワイのインテリアショップには限られた家具しかないため、彼女はオンラインで探し尽くしました。レビューを何百と読んでようやく決めたものの「ハワイには輸送できない」といわれるなど、スムーズではなかったといいます。

ついに届いた家具は、壁に収納できる真っ白のマーフィーベッド、それに合わせた白のシェルフ、シンプルで上質なグレーのコーナーソファ。どれもぴったり部屋に合うように配置されています。

「インテリアのテーマ？　遊びに来た友達が『スカンジナビアン・ソーホー・インダストリアル』といっていました」と、照れながら答えるアラーナさん。白とグレーを基調として自然素材を取り入れたスカンジナビアスタイル、都会的でモダンなニューヨークソーホースタイル、無駄のない機能美が特徴のインダストリアルを混ぜた、彼女だけのオリジナルの住空間になっています。

ひとり暮らしで思うことは――

ひとり暮らしをはじめて2年。実家まで車で20分ほどですが、大家族で暮らしていた彼女にとって、「いちばん恋しいのは一緒に住んでいた甥っ子たち。3人兄弟だから常に誰かが叫んでいて賑やかな実家なんです。ひとりの静けさも好きだけど、あの喧騒、誰かが見ているテレビの音、近所の鶏の鳴き声が懐かしくなる時があるんです」

そんな彼女が今の生活で大事にしているのは、時間の使い方。「1日24時間をどう過ごすかを考えています。仕事をする。休日なら友達とごはんを食べに行く。あえて朝寝坊する。裁縫をする。編みものをする――。そんなことを意識して計画通りに進められるのは、ひとり暮らしだから。でも、休日の朝に突然母からの『今、向かっているわ！　ランチしましょ』なんていう電話で起こされることもあるんです」と頬を緩めます。

「私はいろいろなものにこだわるけれど、ものは買いかえることができます。でも家族と友達はそのかわりはいないから、やっぱり何よりも大切。だから母とのランチもすごくうれしいんです」

友人が「スカンジナビアン・ソーホー・インダストリアル」とテーマ付けた、
アラーナさんの部屋。ソファの後ろは壁面収納のマーフィーベッド。

My Favorite!

手芸道具

Crafting tools

趣味の域を超えた洋裁と手芸の世界。機能別にそろえた4台のミシンは実用的でありながらインテリアの一部にもなっています。ミシン台として、同じテーブルを3台きっちりと横に並べ、その引き出しにはミシン糸を同系色ごとに収納。作業中の移動をスムーズにするためにイスもふたつ置かれています。編みもの用の毛糸は、テーブルとそろえたナチュラルウッドのシェルフに置いてさりげないインテリアにしているのもアラーナさんのセンス。

自分が本当にしたいことを考えることで、日々の生活に何が必要か、コンパクトな部屋に何を置くかが見えたきたというアラーナさん。自分らしくいるための道具を上手に取り入れて暮らすことが、彼女の心を満たしています。

壁に取り付けたシェルフに編みかけのストールや毛糸を飾っている。

ひと目で糸や裁縫道具が取り出せるように整頓された引き出しの中。

壁にPCやウォールシェルフを取り付けて、空間を広く見せている。

1.小さいラナイでもリラックスできるように、テーブルセットとグリーンを置いている。**2.**キャスター付きキッチンワゴンを使って、コンパクトなキッチンをすっきりさせている。**3.**マグネットを活用して包丁を冷蔵庫に貼ることで、使いやすく楽しいインテリアに。

Tell me about your house

1.間取りは？

0ベッドルーム（スタジオ）、1バスルーム

2.築年数は？

2年

3.この家で何年暮らしている？

2年

4.購入した理由は？

不動産の仕事をする知人からコンドミニアムが建設されることを聞き、その開発業者が信頼がおけること、勤務先に近い立地であること、食材や生活用品を扱う店や飲食店などが徒歩圏内にあることなどから、アフォーダブル枠（※）に抽選で申し込んだところ、当選した。

5.住んでいるエリアはどんなところ？

必要な用事を徒歩で済ませることができる便利なエリア。車を運転しない自分にとっては快適なところ。

6.あなたにとって「家」とは？

安全な場所。リラックスできて、心が平穏でいられて、誰にも気を使わずに自分だけの時間を過ごせる。

7.いちばん長く過ごす部屋は？

ワンルームなので、ひとつの部屋でテレビやビデオを見たり、裁縫をしたり、編みものをしたり、ベッドの上で寝っ転がってリラックスしたりしている。

8.ハワイ暮らしの魅力は？

日本をはじめいろいろな国へ旅行をするけれど、やはりハワイは海も山もすぐ近くにあって自然が素晴らしい。もし道に迷っても、山と海の位置から方向を見つけられることも含めて、安心して生活できる。スパムむすびで育った自分が好きな食文化がある。

※高騰する住宅価格を受けて、住宅費負担を減らすため、購入資格のある人（一定額以下の収入と資産など複数の条件あり）を対象に、市場価格より低い価格で新築コンドミニアムを提供すること。戸数に対して多くの応募がある場合は抽選が行われることも多い。

数種類の石を組み合わせることで、床を全面大理石にしたステファンさんの自宅。

“好き”が詰まった
ひとり暮らし

Case
— 25 —

大理石と自然の調和がもたらす安らぎ

Stefan Crnjak

ステファン・チューニアックさん

父から受け継いだ仕事に勤しむ毎日

ステファンさんは、父親が営むリフォーム・リノベーション専門業を3年前に引き継ぎました。それ以来ほぼ休みなく働いています。それもそのはず。ハワイはパンデミック後に不動産市場が加熱し、観光業も急速に回復したため、個人宅からレストラン、ホテルに至るまでがリノベーションラッシュに。大理石の施工に実績のある彼の会社は、高級住宅街でも引っ張りだこで、著名人の自宅や、ワイキキの人気レストランの大改装など、依頼が絶えることがありません。

「クライアントさんはクオリティを求めるので、世界から取り寄せた上質の大理石を使って工事をしています」とステファンさん。

彼はどんな家に住んでいるのでしょうか? 多忙な彼がくつろげる場所は、やはり自宅だといいます。

大理石に魅せられて

ハワイ生まれのステファンさんの住まいはワイキキにあります。クロアチア人の父親とイタリア人の母親を持つ彼は、ハワイやシカゴなどで幼少期を過ごし、16年前にハワイに戻って父親と暮らしていました。数年前に父親がクロアチアへ帰って以来、ひとりで暮らしています。

「家は、安全な場所であり、自分の聖域。自分が幸せでいられるところです。その空間にはやっぱりビジネスで関わっている大理石があってほしい」といいます。

15年前に父親が自宅をリフォームした際に床を全面大理石に。2年前には、ステファンさんがさらに大改装を行いました。

「キッチンカウンターはグラナイト(御影石)、バスルームは大理石にしました。実は、仕事でどうしてもあまってしまう部分があるので、それをうまく活用したんです。きれいでしょう?」

白とグリーン系とブラウン系の大理石を上品に合わせたリビングルームの床を、愛おしそうに眺めながら説明するステファンさん。天然石ならではの質感、輝き、色味は唯一無二。高価ではあるけれど、その神秘に値するといいます。

室内の壁の色を白からアースグリーンに塗り替えたのも彼のこだわりです。

「ラグジュアリーな家のリノベーションをたくさん手がけてきたけれど、みなさん、基本的に白が好きなんです。それもいいけれど、自分は色を入れたいと思いました。床や天井、ドア、窓から見える外の景色を合わせた時に、ナチュラルなグリーンが合うと感じたんです。オフホワイトのコットン素材のソファを選んだのも、ハワイの自然と調和させたかったから。全部を大理石にしたらやり過ぎになるでしょう?」

山とヤシの木と水辺が映える窓を「絵」と捉えて、窓のまわりだけに額縁のように大理石を埋め込んだのも、大理石が主役にも脇役にもなれることを知るステファンさんのアイデアです。

「この家は小さな1ベッドルームだから、限られたスペースでどれだけ空間を広く見せるかがひとつのテーマでした。ものが多いと物置みたいになってしまって、リラックスできないからね!」といい、改装前にあった大きなテーブルと、ふたつのソファも取りのぞいたのだそうです。

「出かけていても帰りたくなる場所が家」とステファンさん。まだ一部の改装は残っているといいますが、父親から継いだ事業を通して大理石に魅せられていった彼にとっての理想の家は、まもなく完成しそうです。

誰かを笑わせ、笑顔にすること

ステファンさんは仕事から帰宅するとシャワーを浴び、食事をつくって食べた後はのんびりテレビや映画を見て、時にはチェスをすることもあるといいます。

「以前は父とチェスで遊んでいました。彼はクロアチアに帰ってしまったから、今の相手はもっぱらデジタルだけど」と少し寂しそうな表情に。そんな彼が喜びを感じるのは、誰かを笑わせたり、笑顔にした瞬間なのだそう。

「前向きでいることって大切だと思うから、笑うことで、自分もまわりの人もポジティブになれたらうれしいんです」

ヨーロッパ出身の両親を持ち、アメリカ本土にも長く住んだからこそ、思うのは、「同じところにいると視界がせまくなってしまうんです。だから旅行をして、いろいろな人と会うことで視野を広げることが必要だと思っています。目の前だけを見て小さな世界でワガママになってしまうのはもったいないですよね」

世界を見て価値観を育みながら、ハワイの住まいづくりを通して多くの人を笑顔にしているステファンさん。「もうすぐ30歳になるよ!」という彼自身、笑顔で前向きに人生を歩んでいます。

円形の建物のためリビングルームがユニークな形であることをいかして、
床に各色の大理石を埋め込んでいる。

My Favorite!

大理石のインテリア

Marble Interiors

家の中で大理石を使うとしたら、「バスルームを提案する」というステファンさん。その理由は、毎日、高級感と重厚感を満喫しながらシャワーを浴びるぜいたくは、疲れを取り心を満たしてくれるから。水滴を拭き取ることで汚れがつきにくいこともメリットです。彼がバスルームに使っているのは、イタリアの特定の場所でしか採れない世界で唯一の大理石。「この柄が素晴らしいんだ！」といいます。

大理石は、約２０００年前に建てられたローマのコロッセオなど数々の歴史的建造物にも使われています。そんな歴史と伝統を兼ね備えた「美」の世界に引き込まれながらも、自分らしさと遊び心を失わずに、ステファンさんは大理石を使った空間づくりを楽しんでいました。

窓の向こうの景色を囲む「フレーム」として窓の周囲だけに大理石を埋めた。

床の大理石に、あたたかみのあるファブリックソファを合わせている。

イタリアで切り出された大理石のバスルーム。大理石の艶、輝き、柄は自然が形成する唯一無二のもの。

2

1

3

1.自分で料理もつくるステファンさん。筋肉をつくるためにプロテインを含むメニューがメインに。2.ベッドルームも大理石の床。ベッド上にはドラマ『マンダロリアン』のキャラクターのベビーヨーダグッズが！ 3.コンドミニアムの庭で、近所の人とパーティーを楽しむステファンさんと父親。

Tell me about your house

1.間取りは？
1ベッドルーム、1バスルーム

2.築年数は？
38年

3.この家で何年暮らしている？
16年

4.入手した理由は？
元々父親が持っていたコンドミニアムだった。

5.住んでいるエリアはどんなところ？
ワイキキなので、ビーチが近くて飲食店も充実していて、高速道路へのアクセスもよいので便利な地域。

6.あなたにとって「家」とは？
安全で快適で、毎日を幸せな気分にしてくれるところ。帰りたいと思える場所。

7.いちばん長く過ごす部屋は？
リビングルーム。テレビや映画を見たり、チェスをしたり、PCでメールをチェックしたりするのはすべてこの部屋。

8.ハワイ暮らしの魅力は？
アメリカ本土とくらべると犯罪が少なくて安全。小さな島だから顔見知りも多いので無責任な行動をしないコミュニティができ上がっている。

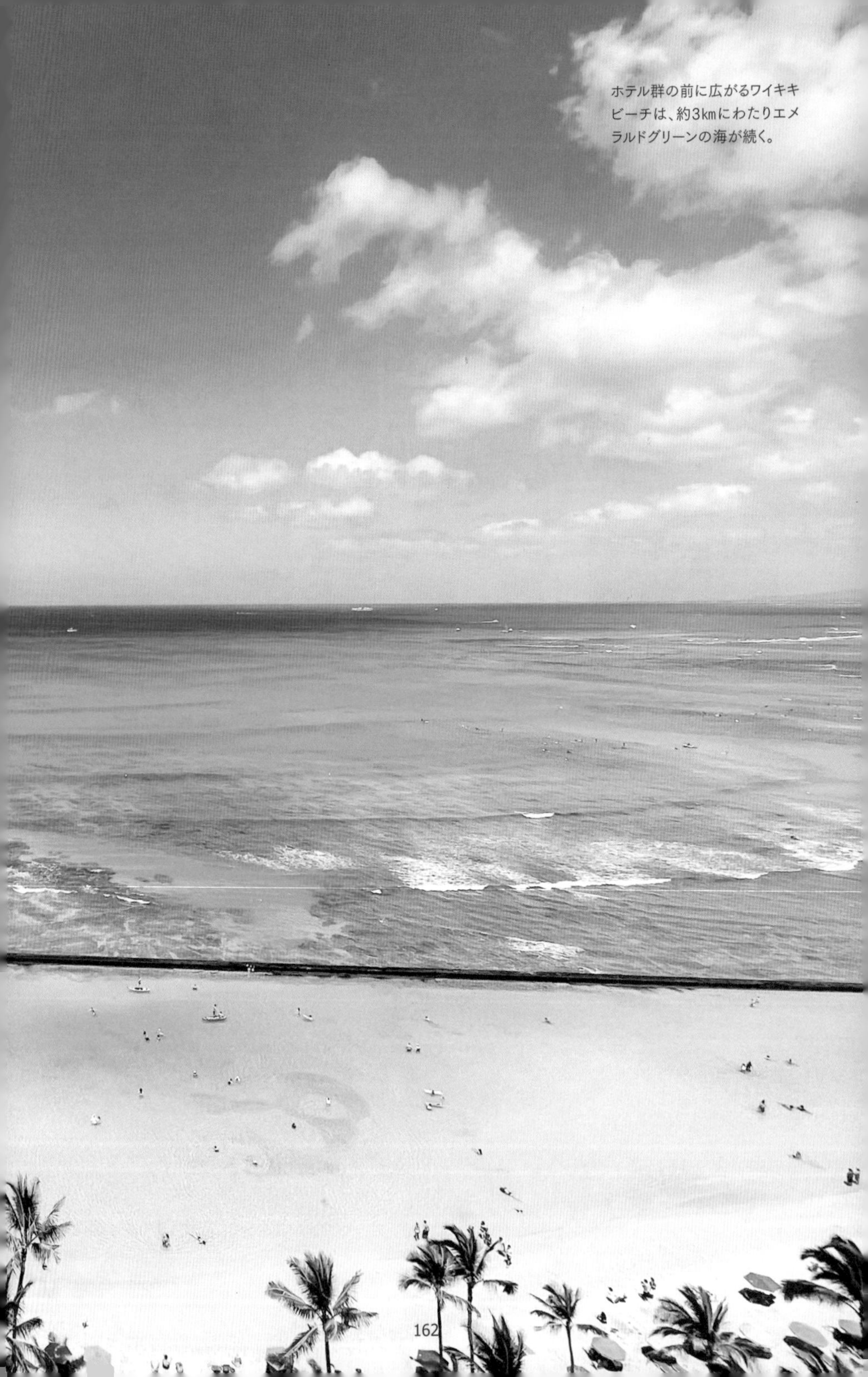

ホテル群の前に広がるワイキキビーチは、約3㎞にわたりエメラルドグリーンの海が続く。

週末の朝は、ハワイに暮らす長女が遊びに来て一緒にパンやペイストリーを焼いて過ごす。

Case
— 26 —

自分のペースを守って暮らす

Roy Hastings

ロイ・ヘイスティングスさん

気取らず飾らず自分らしく

ロイさんは、2020年にカリフォルニア州からハワイに引っ越してきました。ワークスタイルが多様化するアメリカで、暮らす場所に制限がないリモートワークでコンサルタントの仕事をしてきたロイさん。最初にハワイで家を買ったのは、アメリカ本土の人たちから人気が高いマウイ島でした。その後、オアフ島のカピオラニ公園のまわりにある住宅街で今のアパートを見つけたといいます。

「娘がここをとても気に入ったんです。見てみたところ、私もなんて素晴らしいところなのかと思いました」

親子で魅了されたこの場所は、ビーチまで10分弱で、カリフォルニアから引っ越して来る人たちが多く住むエリア。1960年代に建てられたアパートが立ち並び、古い中に洗練された独特の雰囲気が漂っています。多くの住民が自宅をモダンに改装しているように、ロイさんも「実はこれからリノベーションをするところで、板やタイル、段ボールが置きっぱなしです」と笑っていました。

「明るい色が好きだから、カリフォルニアに残してある家はキッチンを明るいオレンジで統一しているんです。こちらは白を基調にブルーとグリーンを差し色にするのがいいかなと考えています」

海と緑に囲まれたハワイでは、自然に近い色に囲まれて暮らすほうが心地よいといいます。

ハイビスカスとヤシの木とパラダイスの文字がデザインされたアロハシャツを着たロイさんは、「カリフォルニアはアメリカ本土でもっともカジュアルな州だと感じていたけれど、ハワイは比じゃないですね。気取らない。飾らない。それが私の性格に合っています」といいます。

「みんなが親切で、困っている時はすぐに手を差しのべてくれるのがハワイ。それがアロハスピリッツなんだなと日々実感しています」

1.デスクよりリクライニングチェアでPCを膝にのせ、ドリンクを横に置いて仕事をするのがベスト！ 2,3.植物の世話をするのが好きなロイさん。水やりにコツがあるといい、胡蝶蘭は何度も花を咲かせている。

長い間、カリフォルニアとハワイを、数週間や数か月単位で行き来する生活をしていたロイさんがハワイに拠点を移したのは、そんな理由からだったとか。そして「私もアロハスピリッツを持っていることを願うよ！」と、ニコッと微笑みました。

時間に捉われず自由に意のままに

ロイさんが日々意識しているのは、あえて自由に過ごすことだといいます。

「自分がしたい時にしたいことをするんです。誰にも気兼ねなく、ストレスなく、それができるこの家は私にとって最高にリラックスできる場所です」

朝4時に起きてビーチに日の出を見に行く。それは彼にとって幸せのひと時。

「そのあと仕事に没頭していると、朝食が午後2時になる日もあるんです。食べたいと思った時に食事をすればいいと思っているからね」

Tell me about your house

1.間取りは？
1ベッドルーム、1バスルーム
2.築年数は？
62年
3.この家で何年暮らしている？
3年
4.購入した理由は？
娘がこのエリアを気に入っていて、自分も見たところ素晴らしいと思った。
5.住んでいるエリアはどんなところ？
オアフ島では貴重な海岸沿いに住宅が並ぶ高級エリアのゴールドコーストにほど近い場所で、海も公園もダイヤモンドヘッドもワイキキも近い。
6.あなたにとって「家」とは？
家族。快適に感じる場所。何がどこにあるかもすべて自分だけが把握している自分だけのスペース。
7.いちばん長く過ごす部屋は？
リビングルーム。ソファで膝の上にPCをのせて、横に飲みものを置いて、一日中快適に働いている。
8.ハワイ暮らしの魅力は？
服装も生活スタイルも堅苦しくなく、カジュアルに暮らせること。

インテリアは気に入ったものだけをシンプルに飾る。床に置いてあるのは、ふらっと遊びに来るネコのためのエサ。

そんなロイさんの楽しみは、週末に遊びに来る長女と一緒にキッチンに立つこと。パンやペイストリー、ケーキをつくるのがふたりの共通の趣味。

「先週末はブラックベリーやクランベリーを中に詰めたハンドパイをつくったんですよ。スコーン、シナモンロールをつくる日もあります」

大学生の頃のひとり暮らしをきっかけに、料理が好きになったロイさん。

「ビーガンの娘のためにベジタブルカレーをおいしくつくれるようになった時はうれしかったですね。最初につくった時はがっかりする味だったからね。ラザニアもよくつくりますよ！」といい、得意な料理の話がとまりません。

自分のペースで働き、ひとり暮らしを満喫しながら家族との絆も大切に、ワークライフバランスを実現できているのは、ハワイの風土が性に合っているから。ロイさんにとって、ハワイ生活は快適に生きる基盤となっているようです。

静寂の中で、リクライニングチェアに座って本を読むのが好きだというペギーさん。

Case
— 27 —

家は自分にとって地球のような存在

Peggy Daughtry

ペギー・ドートリーさん

静かな時間を刻む土地に暮らして

カリフォルニア州で生まれたペギーさんはハワイに縁の深い人。父親がアメリカ海兵隊だったこともあり、引っ越しも多かったといいます。

「最初にハワイに住んだのは１９５４年から12年間。１９７１年に戻ってきてオアフ島ノースショアのワイメアベイで数年間暮らして、次は１９７７年だったかな。とにかくハワイには何度も引っ越してきて、ついに２０１９年にこの家を購入しました」

ペギーさんがひとりで暮らすのは、ダイヤモンドヘッドの麓の静かで小さな住宅地。地元の人がこよなく愛するこぢんまりしたカイマナビーチや、憩いの場であるカピオラニ公園までもすぐです。

「この家はね、友達が私にぴったりだとすすめてくれたんです。車がなくても不便がない、病院が近くにある、高層ビルは苦手、賑やかな場所は落ち着かないというのが、私の条件だったんですよ」

それらの条件を完璧にクリアしたこのエリアは、なかなか売りに出る物件がない、知る人ぞ知る住宅街。不動産屋に「いつまでも待つわ！」といった翌日、奇跡的に今の部屋が売り出されたのも、彼女が引き寄せた運かもしれません。

そんなペギーさんの日課は、カイマナビーチに行って泳ぐこと。

「あそこのビーチは平和なんです。透明度が高くて、海の色がね、青といっても何段階もの濃淡がある青色で、美しい海を眺めているだけでも心が穏やかになるの」と話す彼女の口調も凪のように穏やかでした。

宝物で彩る自分の住空間

家の中にはいくつもの絵や写真が飾られています。中でも、ソファの後ろにある3点の写真は宝物。これはペギーさんが祖父から譲り受けたもので、どれも

1920年に写された貴重な写真です。ひとつはヌウアヌ・パリ展望台。1795年にカメハメハ大王がハワイ全島を制覇するための最後の戦いが繰り広げられた場所です。もうひとつは、真珠湾攻撃前のパールハーバー。そして3枚目は、古きよきハワイの象徴であるワイキキビーチとダイヤモンドヘッド。セピア色のハワイの風景は、ペギーさんの部屋で静かな存在感を放っていました。

ハワイの歴史と文化、自然への敬意を示すかのように、ダイニングやベッドルームにも、地元のアーティストによるレトロなハワイ諸島の絵や海辺の絵がかけられています。

ベッドルームに飾ってあるのは、愛息の幼少期の写真の数々。息子さんとは、2か月に1回の頻度で会い、毎年誕生日とクリスマスの時期に一緒に旅をするのも楽しみにしているペギーさん。ふたりが大好きな旅先は日本。高野山に登った時にしっとり雨が降った日のことを、懐かしそうに振り返っていました。その時に買ってきた仏像の置物とお守りは、リビングルームに大事に飾ってあります。

行動力と好奇心で健やかに

自分にとって何が大切かを知っているペギーさん。そのひとつは旅行です。日本はもちろんのこと、ハワイからは地球の裏側に位置するヨーロッパに行くこともあります。

「1年に数回の旅は私の大事なイベント。旅先では、違う文化やいろいろな人と触れ合うことができるでしょう? 世界中の誰もが自分のストーリーを持っているんです。それは素晴らしい学びになります。少なくとも行く先々の国の言葉であいさつはできるように勉強して行くんです。あいさつは心を開く鍵になるから」

と微笑みます。ペギーさんは、旅先に限らず、ハワイにいる日常でも日本を敬う気持ちから、日本人に対して日本語で「ありがとう」とお礼を伝えます。

そんな彼女の健康の秘訣は毎日とにかく歩くこと。

「70歳を過ぎているとは思えない距離ですよ! 1日6マイル(約9・7km)は当たり前で、10マイル(16km)歩く日も珍しくありません。私たちは、つい先のことを考えてしまうでしょう? でも、歩きながら、見えるもの、聞こえる音に集中すると、今この瞬間を感じられるんです。今にフォーカスする、瞑想みたいな感覚というのかしら」

おいしいサワードウの店があると聞けばその店を目指し、お気に入りのカフェへも、もちろん歩いて向かいます。

フットワークが軽く、好奇心旺盛なペギーさん。歩きに行っても、旅に出ても、帰ってくるのはこの家。

「家は私にとって地球みたいな存在に思えるんです。なぜなら、すべてのベースであって安心できる場所。そして感謝できる場所だから」

祖父から譲り受けたという宝物の写真。100年前のハワイの歴史が写されている。

1.4階建てアパートの1階に住むペギーさん。広いパティオでは緑を育てカフェ風に。**2.**西国三十三所めぐりでの記念の絵を、ダイニングに大切に飾っている。

3.1950年代にハワイに暮らしていたペギーさんにとって、古きよきハワイは懐かしい思い出。**4.**ハワイ各島の歴史や文化、自然を絵と文字で表現したユニークなイラストマップ。

5.リビングのシェルフには、日本へ行くたびに買い足しているさまざまな雑貨が置いてある。**6.**「幼少期から人格を尊重して育てた」というひとり息子とは、親子であり友達のような関係。

ペギーさんが暮らす地域は、ローカルでも知らない人が多い小さなコミュニティ。ワイキキから徒歩圏内とは思えないほど閑静で、オアフ島の隣島にあるリゾートエリアのような独特の空気感を持つ一帯です。
毎日のお散歩コースは、カピオラニ公園を歩いてカイマナビーチへ。水着で出かけて、泳いだ後はそのまま帰って来られるのは、近所ならではのベネフィット。
　このあたりは、ジョギングや犬の散歩など住民の憩いの場となっています。

Pick up !

ダイヤモンドヘッド地域

Neighborhood

近所のダイヤモンドヘッドは、雨季はベルベットグリーンに、乾季は茶色く姿を変える。

カピオラニ公園のまわりは、ジョギングや散歩を楽しむのに絶好のロケーション。

地元の人の憩いの場でもあるこぢんまりしたカイマナビーチ。

Tell me about your house

1.間取りは？
1ベッドルーム、1バスルーム
2.築年数は？
60年
3.この家で何年暮らしている？
4年
4.購入した理由は？
友人にすすめられ、自分の条件にぴったりだったことから狙いを定めて購入した。
5.住んでいるエリアはどんなところ？
ダイヤモンドヘッドの麓で静か。
6.あなたにとって「家」とは？
リラックスでき、安心できる場所で、感謝する存在。自分にとってベースとなる地球のような存在。
7.いちばん長く過ごす部屋は？
リビング。リクライニングチェアに座って読書をしたり、テレビで映画やスポーツを見るのが好き。
8.ハワイ暮らしの魅力は？
まずは人。やさしくていい人が多い。そして海が美しい。そんな海に毎日泳ぎに行ける。

おわりに

本書でのインタビューをお願いした時、「え、自宅で？」と少し戸惑いながらも「あなたの暮らしと一緒に生き方を日本のみんなにシェアしたい」と伝えると、彼らは快く協力してくれました。27組のオハナたちへ、心からの愛を込めてありがとう！　そして、私を寛容な心でリードしてくださった編集の鈴木利枝子さんには編集者として学ばせていただくことも多く、素晴らしい時間を共有できたことをうれしく思います。デザイナーさん、イカロス出版の各部署の方々、取材したハワイの人たちを含め、ＡＬＯＨＡで繋がったチームによって本書出版となりました。みなさまに感謝の気持ちでいっぱいです。また、異国の地で豊かな価値観に触れる人生を理解してくれた父と母に。日々の仕事に加えて取材と執筆に明け暮れる私を支えてくれた夫にも、ありがとう。

おしまいに、ハワイが好きな方、ハワイで暮らす人の生き方に興味を持ってくださったみなさま。心に届いたＡＬＯＨＡが育って毎日の笑顔の数が増えたら、それほどうれしいことはありません。

ハワイへの感謝を込めて。

Dear My Hawaii Friends,
I'm so grateful for all your help.
Thank you for being in my life.

ALOHA,
Yoko

大澤陽子

Yoko Osawa

ハワイで発行している在住日本人向け生活情報誌「ライトハウスハワイ」編集長。東京を中心に全国38局を結ぶFMラジオ局でのアナウンサーや、新聞・雑誌の編集者、ライターとして活動後、2012年にハワイへ移住。以降、地元紙やハワイのガイドブックの編集に携わるほか、日本のウェブメディアへハワイ情報を10年間にわたり執筆。現在はインプレスの「トラベルWatch」で連載を担当。「ハワイに関わるすべての人を笑顔にする」をモットーに"伝える"仕事に取り組んでいる。

ALOHAあふれる
心豊かな暮らしのヒント
——ハワイ27人の家とライフスタイルから

文・写真　大澤陽子
デザイン　千葉佳子（kasi）
マップ　ZOUKOUBOU
編集　鈴木利枝子

2023年10月20日　初版発行

発行者　山手章弘
発行所　イカロス出版株式会社
〒101-0051
東京都千代田区神田神保町1-105
電話　03-6837-4661（出版営業部）
メール　book1@ikaros.co.jp（編集部）

印刷・製本所　株式会社シナノパブリッシングプレス

Printed in Japan